许宏 著

最早的中国

二里头文明的崛起

生活·讀書·新知 三联书店

Copyright © 2022 by SDX Joint Publishing Company.
All Rights Reserved.

本作品版权由生活·读书·新知三联书店所有。
未经许可，不得翻印。

图书在版编目（CIP）数据

最早的中国：二里头文明的崛起／许宏著．—北京：
生活·读书·新知三联书店，2021.6（2025.5 重印）
（解读早期中国）
ISBN 978 – 7 – 108 – 07083 – 8

Ⅰ.①最⋯　Ⅱ.①许⋯　Ⅲ.①二里头文化 – 文化遗址 – 研究
Ⅳ.① K878.04

中国版本图书馆 CIP 数据核字（2021）第 021342 号

责任编辑　曹明明
装帧设计　康　健
责任校对　张国荣
责任印制　卢　岳

出版发行　生活·讀書·新知三联书店
　　　　　（北京市东城区美术馆东街 22 号 100010）

网　　址　www.sdxjpc.com
经　　销　新华书店
印　　刷　天津裕同印刷有限公司
版　　次　2021 年 6 月北京第 1 版
　　　　　2025 年 5 月北京第 5 次印刷
开　　本　720 毫米×1020 毫米　1/16　印张 16.5
字　　数　95 千字　图 320 幅
印　　数　23,001-26,000 册
定　　价　88.00 元

（印装查询：01064002715；邮购查询：01084010542）

目 录

1　引子

3　解　题——"中国"的由来
　　"中国"的概念及其流变
　　看看文献怎么说
　　西周金文把最早的"中国"指向洛阳盆地

11　开创纪元——由"多元邦国"到"一体王朝"
　　"满天星斗"的英雄时代
　　文明时代的三大台阶：邦国、王国与帝国
　　"中国"诞生于二里头时代
　　一点一面：最早"中国"的两大特质

23　全球视野——中国文明兴起的世界背景
　　"旧大陆"的大河文明
　　还有学者认为，爱琴海也是一大发祥地
　　文明古国异同观
　　全球文明史中的中国文明
　　历史清晰度：另一视角的比较
　　为什么早期中国的纪年不确切？

37　寻梦之旅——从故纸堆到考古现场
　　文献记载的早期王朝史可信吗？
　　王系的疑窦
　　"古史辨"扫荡传统古史

现代考古学在中国应运而生
由已知推未知的探索
徐旭生寻"夏墟"找到二里头
一甲子的巨大收获
二里头：究竟姓夏还是姓商
研究史的启示

55　地灵中原——"第一王都"的诞生背景

东方"大两河流域"：农业起源的温床
中原：重瓣花朵中的花心
四方辐辏的交通战略要地
两大农业区的交汇带
两大自然和文化板块的接合部
洛阳盆地：形胜甲天下的"地理王国"
二里头："文化杂交"的硕果

69　王都气派——城市规划的先端

绝妙的都邑选址
二里头的今昔：聚落演变大势扫描
人口高度集中的超大型都邑
都邑的复杂化与功能分区
中心区的路网系统
大"十字路口"的发现
前所未有的城市规划

87　建中立极——宫廷礼制的形成

中国最早的"紫禁城"
"想"出来的宫城
中轴线规划的宫室建筑群
中庭可容万人的朝堂建筑
规模浩大的"凝聚力工程"

宏伟的宫城南大门
东路建筑群：宗庙与祭祖场所？
宫室建筑的"营造法式"
早期宫室：最早的多重院落建筑
"朝廷"与"礼制"的形成

111　国之大事——祭祀与战争
祭祀遗存区的发现
礼器：中国青铜时代的徽标
从陶酒器到铜酒器
陶鬶与"鸡彝"
第一青铜酒器爵的发明
从祭玉到礼玉
东风西渐：大型有刃玉礼器群
柄形器之谜
昭示等级秩序的玉器
无乐不成礼：乐器一瞥
有骨无甲的占卜习俗
中国最早的礼兵器
钺·军事统帅权·王权
小箭头的大启示

137　都邑社会——人口构成与层级
大规模的人口动员
族属的复杂化：中国最早的移民城市
从宫殿到半地穴式"窝棚"
金字塔式的墓葬层级
众星捧月：聚落分布格局鸟瞰

147　文明气象——精神世界管窥
二里头有文字吗？

蛛丝马迹：甲骨文、金文中的早期器物
碧龙惊现"第一都"
超级国宝"难产"问世
龙牌、龙杖还是龙旗？
绿松石龙祖型探秘
诡异的兽面纹铜牌饰
陶器上的龙形象
从众龙并起到"饕餮"归一

165　巧夺天工——官营手工业的高度

宫城旁的工城："国家高科技产业基地"
最早的官营铸铜作坊
礼制需求刺激冶铸业"黑马"跃起
独特而复杂的青铜工艺
陶方鼎透露出的惊人信息
承上启下的治玉技术
绿松石制品及作坊的发现
高超的绿松石镶嵌工艺
漆器：另一重要的礼器品类
圆陶片与漆觚的神秘关联
精制陶器、白陶与原始瓷
丝麻溢采：纺织品的发现

187　城市民生——经济生活举隅

"五谷"齐备
家畜饲养与渔猎
烹调用器看庖厨
盛食用器看吃法
二里头人喜食"烧烤"
双轮车辙痕与马车起源之谜

201 **海纳百川——对外交流的兴盛**
　　江南熏风：硬陶·云雷纹·鸭形器
　　"来路不明"的热带海贝
　　欧亚草原文化的冲击波
　　游牧文明的讯息：战斧与环首刀
　　邻近文化因素的汇聚
　　铜原料来源之谜
　　"金道锡行"：交通网的蠡测

217 **强势辐射——"中国"世界的雏形**
　　酒器扩散的历史背景
　　长城外惊现二里头式"酒礼"
　　长江上中下游刮起二里头风
　　以牙璋为首的玉器的扩散
　　二里头以外的兽面纹铜牌饰
　　从二里头到二里岗
　　"中国"世界的雏形

233 **最后的问题：何以"中国"**

235 **全书注释**

243 **主要参考书目**

247 **感谢的话**

249 **新版后记**

引　子

"知道'中国'是怎么来的吗？"设想我们在熙熙攘攘的北京王府井大街上随机采访游客，提出这一问题。再设想一下，我们会得到怎样的回答。

时间的阻隔使上古史在我们的记忆里犹如雾中之花。很可能，不少朋友脑海中对早期"中国"的印象，更多来自古代文献的片断记载甚至传说。对于文字产生前或产生之初还没能留下清晰记载的时代而言，考古学是我们探古寻根的一个不可替代的重要手段。

这本小书，就是一个考古人试图通过对无字"地书"的解读，向您讲述的关于"中国"诞生的故事。

二里头，本是一个地处中原腹地洛阳平原的普通村庄的名字。和中国千千万万个村落名一样，她朴素得不能再朴素。但就在她的身后，在绿油油的麦田下，却隐藏着3000多年前华夏族群一段辉煌的历史，这段历史也被其后人遗忘了3000多年，直到60多年前她进入了考古工作者的视野，才从此跻身于中华文明史乃至世界文明史的殿堂。我们也由此知道，在数千年华夏史前文化积淀的基础上，这里产生了最早的"中国"。

由二里头遗址远眺邙山　"生于苏杭，葬于北邙。"远处逶迤的山岭就是被古代中国人作为人生理想之第一追求的"风水宝地"——邙山。老乡把我们发掘的宫殿区称为"金銮殿"，这里的确有中国最早的"金銮殿"

解 题

"中国"的由来

"中国"的概念及其流变

要讲清楚最早的"中国"是怎么来的，先要与大家一起梳理一下"中国"一词的来龙去脉。

在古代中国，"国"字的含义是"城"或"邦"。从字形上可以看出，一个邦国是以都城为中心而与四域的农村结合在一起的，它又是以都城的存在为标志的。"中国"即"中央之城"或"中央之邦"。"中国"一词出现后，仅在古代中国就衍生出多种含义，如王国都城及京畿地区、中原地区、国内或内地、诸夏族居地乃至华夏国家等。"中国"成为具有近代国家概念的正式名称，始于"中华民国"，是它的简称，英文为China；现在是"中华人民共和国"的简称。[1]

其中，最接近"中国"一词本来意义的是"王国都城及京畿地区"，那里是王权国家的权力中心之所在，已形成具有向心力和辐射性的强势文化"磁场"。其地理位置居中，有地利之便，因此又称为"国中""土中"或"中原"。从这个意义讲，"中国"的出现与东亚大陆最早的广域王权国家（或王朝）的形成是同步的。

应当指出的是，早期国家在空间上是由若干"点"而非"面"组成的，[2]这些不同等级的聚居点以中心城市为中心形成统治网络，现代观念中划定边境线的国界的概念，那时还不存在。最早的"中国"也仅指在群雄竞起的过程中兴起的王国都城，以及以都城为中心的社会政治实体所处的地域，尤其是它的中心区域。其后，随着东亚大陆由王国时

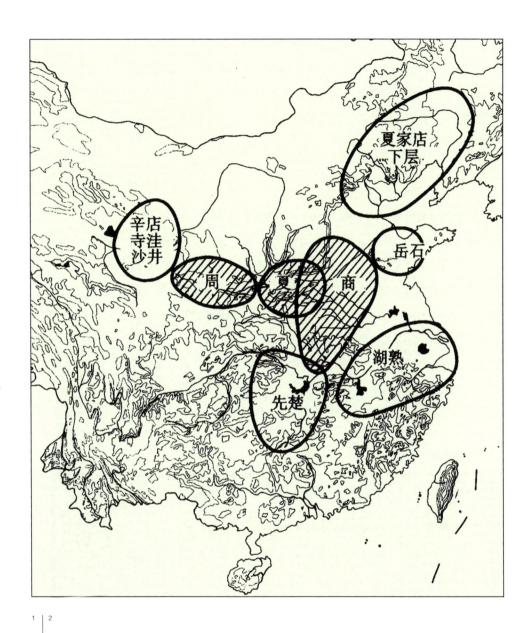

1　2

1 金文中的"国"字[3]　在金文(青铜器铭文)中,"国"字的原始字形作"戈"加"口",即"或"字。其中,"戈"是声符,也兼有执戈守城之意,"口"表示城邑。到了春秋时期,四周又被加上了外廓——"囗",表示国之疆界。最初的"国"并没有明确的疆界,最早的"国"字也忠实地记录了这一特征
2 崛起于中原地区的三代王朝[4]

代进入帝国时代，随着历代王朝政治版图的扩大，"中国"一词作为地域、文化和政治疆域概念，它的内涵也经历了不断扩大和变化的过程。同时，它的由来也逐渐不为人知，人们往往知"中国"而不知最早的"中国"在何处，它是如何崛起的，又有过怎样的辉煌。

看看文献怎么说

由上述分析可知，最早的"中国"应当就是最早的王朝都城和它附近的京畿地区。在传世文献中，"中国"一词最早出现于东周时期成书的《尚书》和《诗经》等书中。《尚书·周书·梓材》是周公教导他的弟弟康叔如何治理殷商故地的训告之词。其中"皇天既付中国民越厥疆土于先王"，意即皇天将中国的土地与人民交给周的先王治理。这里的"中国"应指关中至河洛一带的中原地区。而《诗·大雅·民劳》中"惠此中国，以绥四方……惠此京师，以绥四国"的"中国"则与"京师"同义。殷墟甲骨文中也有"中商""大邑商""天邑商"等带有文化本位色彩的、对本朝王都的自称，其含义应与西周时代的"中国"相当。

1 《尚书》中关于"中国"的记载[5] 文献中记载的最早的王朝是夏、商、周三代王朝，它们分布的核心区域不超出以黄河中游为中心的中原地区，这一带也就是最早的"中国"

2 国宝"何尊"[6]

3 何尊铭文中的"宅兹中国" 铭文记载了周初成王开始营建东都洛邑时，在一次祭典上对宗室子弟宣布的诰命。这是最早出现"中国"字样的出土文献

解题——"中国"的由来　　7

西周金文把最早的"中国"指向洛阳盆地

在出土文物中,"中国"一词最早见于西周初年的青铜器"何尊"的铭文。[7] 这一国宝级重器于1963年出土于陕西宝鸡。长达122字的铭文讲到周武王在灭商之后就有营建东都的重大决策,曾祭告上天说"余其宅兹中国,自之乂民",意欲建都于天下的中心,从这里统治人民。这篇铭文把"中国"的最早地望确指为洛邑所在的洛阳盆地及以其为中心的中原地区。《史记·周本纪》在记述这段历史时,也引用周公的话,认为洛阳盆地为"天下之中,四方入贡道里均"。

为西周王朝所青睐,被认为是"天下之中"而营建东都的洛阳盆地,在长达2000余年的时间里,先后有十余个王朝建都于此。司马迁的《史记》中即有"三代之居皆在河洛之间"的记载(《史记·封

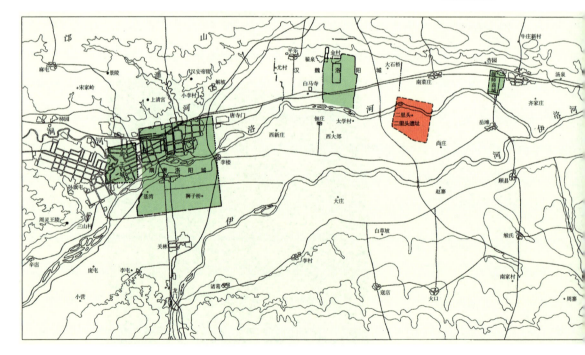

洛阳古代都城形势图[8] 今天,在东西绵延30多公里的盆地中心,由西向东排列着东周王城、隋唐洛阳城、汉魏洛阳城、二里头遗址、偃师商城五大都城遗址,被誉为华夏文明腹心地区的五颗明珠

禅书》）；其后，又有东汉、曹魏、西晋、北魏、隋、唐等朝代在此营建都邑。这在世界文明史上也是极为罕见的。其中，二里头遗址就是洛阳盆地这一最早的"中国"区域内最早的一座大型都邑。

开创纪元

由『多元邦国』到『一体王朝』

"满天星斗"的英雄时代

在东亚大陆,从大体平等的史前社会到阶层分化、国家形成的文明社会的演进,经历了一个相当长的过程。在被中国古代文献称为"王朝"的夏、商、周三代广域王权国家形成之前,在广袤的黄河、长江流域,各区域文化独立发展,同时又显现出跨地域的共性。这是一个众多相对独立的部族或古国并存且相互竞争的阶段,北京大学的严文明教授,把它称为"龙山时代"(约相当于公元前3000—前2000年)。[1]而根据最新的考古学和年代学研究成果,这一时代的上限约当公元前2800年,下限或可下延至公元前1700年左右,与二里头文化早期相衔接。[2]

这些小的社会组织在古文献中被称为"万邦"(如《尚书·尧典》:"百姓昭明,协和万邦")或"万国"(如《左传·哀公七年》:"禹合诸侯于涂山,执玉帛者万国")。现在有的学者认为它们应当就是早期国家,也有的学者称其为族邦,或认为它们相当于西方学术界所指的"酋邦"(chiefdom),换言之,还到不了国家的水平。[3]这些名实之辩作为学术

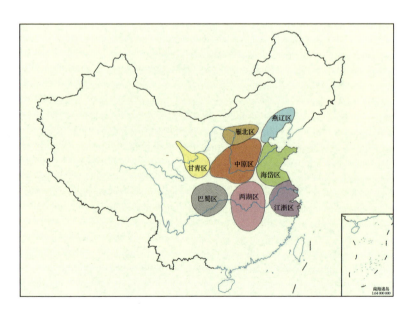

史前时代黄河、长江流域的主要文化区[4]

新石器时代至青铜时代早期主要考古学文化的年代与分布

年代(公元前)	地区						
	长江上游	黄河上游	黄河中游	长江中游	黄河下游	长江下游	西辽河
3500		马家窑文化 ↓	仰韶文化晚期 ↓	大溪文化 油子岭文化 ↓	大汶口文化中期 ↓	崧泽文化 ↓ 良渚文化早期 ↓	红山文化 ↓
3000	宝墩文化 ↓		庙底沟二期文化 ↓	屈家岭文化 ↓		良渚文化中期 ↓	小河沿文化 ↓
2500		齐家文化 ↓	中原龙山文化 ↓	石家河文化 ↓ 肖家屋脊文化 ↓	大汶口文化晚期 ↓ 海岱龙山文化 ↓	良渚文化晚期 ↓ 广富林文化 ↓	
2000	三星堆文化 ↓	区域青铜文化 ↓	新砦类遗存 二里头文化 ↓ 二里岗文化 ↓		岳石文化 ↓	马桥文化等 ↓	夏家店下层文化 ↓
1500	十二桥文化		殷墟文化 ↓ 西周文化	区域青铜文化	殷墟文化	区域青铜文化	魏营子文化 ↓
1000							

开创纪元——由"多元邦国"到"一体王朝"

问题还会持续下去，但它们已属于不平等的复杂社会，却是大家都同意的。那时还没有出现跨越广大地域的强势核心文化，天下形势可以用"群雄竞起"或"满天星斗"来形容，也是一个不争的事实。有人把这一风起云涌的时代形容为中国的英雄时代，那确是一个激动人心的时代。

文明时代的三大台阶：邦国、王国与帝国

广域王权国家形成之前众多小的政治实体并存竞争的这个时代，有人称为"邦国时代"，也有人称为"古国时代""万邦"时期等，意思大致相近，指的都是"小国寡民"式的社会组织共存的时代。这一邦国时代，与王国时代（夏、商、周三代王朝）和后来的帝国时代（秦汉以至明清），构成了中国古代文明发展史的三个大的阶段[5]。在这个过程中，国家实体因兼并而从多到少乃至归一，而中心王朝的统治

龙山时代的中原地区邦国林立[6]

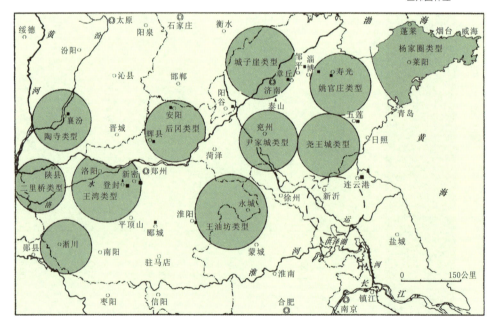

与影响范围日益扩大。史载禹时万国，周初三千，春秋八百，战国七雄，至秦汉一统为帝国。与社会组织——国家的由多变少相对应，其权力中心——都邑则由小变大，有一个从中心聚落到小国之都、王国之都直至膨胀为帝国之都的过程。

其中，最具里程碑意义的是中央王国即早期王朝的诞生。这时的社会多个层次并存，既有地处中原的王国，也有周边的邦国（它们与王国有从属、半从属或同盟的关系，有的时服时叛。相对于中央王国，它们或可称为"方国"），还有尚未发展为邦国的酋邦一类"复杂社会"，甚至平等的氏族部落社会。从这个意义上讲，作为较邦国更高一级的文明形态，王国中可能还包含着邦国（或称为"方国"）等政治实体，因此也可以通俗地被形容为"国上之国"。鉴于此，包含"中央""中心""王都""京畿"等含义在内的"中国"的概念，也就不可能上溯到小国寡民的"邦国时代"，而应当是与最早的王朝，即"中央王国"同时出现的。

瑞典东方古物博物馆推出的以中国史前彩陶为中心的展览，名为"中国之前的中国"（China before China）。这一展名的含义是"借以展示生活在今日中国这块土地上的远古人们的丰富多彩的文化创造力，这是发生在中国这个国家成立或说定了名称数千年之前的事"[7]。

河南登封王城岗龙山时代城址远景

这与我们对"中国"的理解是一致的。

从考古发现看，属于"邦国时代"的龙山时代，城址林立。据初步统计，在后来以二里头文化为先导的中原王朝兴起的黄河中游地区，已发现的龙山时代城址即达10余座，面积一般在数万至数十万平方米。但至二里头时代，随着面积逾300万平方米的超大型都邑——二里头的崛起，各地的城址相继废毁，退出了历史舞台。[8] 这应是中原地区从邦国时代迈入王国时代的真实写照。

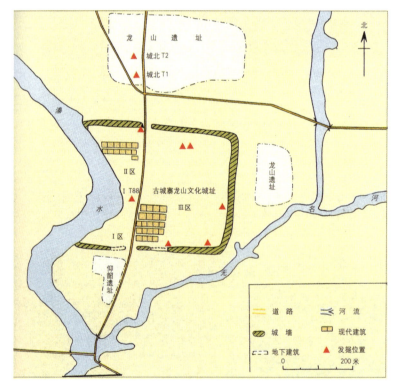

（上）古城寨夯土城墙断面，最高处距地表16米多

（下）河南新密古城寨龙山时代城址平面图

华夏早期国家与都邑形成过程

文化分期	时期	绝对年代（公元前）	总体聚落形态	社会组织	聚落防御设施	宫城宫殿宗庙	古典文献
新石器时代/史前—原史时代	仰韶时代前期	约5000—3500	大体平等	前国家（部族？）社会	圆形环壕		
	仰韶时代后期至龙山时代前期	约3500—2300	初步分化，中心聚落与大遗址群出现	向国家社会转化（酋邦或邦国）	环壕扩出现，城址最早呈圆形		
青铜时代/原史—历史时代	龙山时代后期至新砦文化期（夏？）	约2300—1700	高度分化，大型中心聚落（初期都邑？）出现	纷争加剧，邦国林立	环壕普遍化，不甚规则，夯土城址多为矩形	大型夯土建筑出现（初期宫庙？）	"执玉帛者万国"（《左传》）
	二里头时代（夏/商？）至西周时代	约1700—771		中原广域王权国家（王朝）出现	差序都邑（无外郭城）	宫殿基址群，宫城出现一体，以庙为主	"凡邑有宗庙先君之主曰都"（《左传》）
铁器时代/历史时代	春秋战国时代	770—221	分化严重，超大型都邑出现，都邑不断废大化	诸侯国林立；分立集权的领土国家出现	从内城外郭到城郭分立	宫庙分离，以宫为主（战国始）	"筑城以卫君，造郭以守民"（《吴越春秋》）
	秦汉时代	221—		帝国兴起	帝都突破城郭限制，形成首都圈		

开创纪元——由"多元邦国"到"一体王朝"

"中国"诞生于二里头时代

二里头遗址位于洛阳盆地东部的偃师市境内,遗址上最为丰富的文化遗存属二里头文化,其时代约为距今3800—3500年,相当于古代文献中的夏、商王朝时期。著名的"二里头文化"即由此而得名。

随着二里头都邑与二里头文化的崛起,华夏文明由"多元的邦国"时期进入了"一体的王朝"时期。龙山时代并存共立、光灿一时的各区域文化先后走向衰败或停滞,与其后高度繁荣的二里头文化形成了较为强烈的反差。我们称其为中国早期文明"连续"发展过程中的"断裂"现象。[9] 值得注意的是,这一"断裂"现象在中原腹地的嵩山周围虽然也存在却不甚明显,二里头文化恰恰是在这一地区孕育发展,最后以全新的面貌横空出世,成为中国乃至东亚历史上最早出现的核心文化——王朝文化。这匹一鸣惊人的黑马的出现,就此改变了东亚大陆的文化格局。

当然,这并不是说"满天星斗"般的多中心状况就此宣告终结,二里头时代也呈现出多元的文化态势。但二里头文化的社会与文化发达程度,以及前所未有的强势辐射态势,使其当之无愧地成为这一时代的标志性文化。由于二里头文化开创性的历史意义,我们称它所处的时代为"二里头时代"(目前的考古学与文献史学研究的进展,尚不足以支持以夏王朝的史迹为核心内容的"夏文化"以及"夏代"的最终确立。这里仍暂时依照考古学的惯例,用具有典型性的考古学文化来命名这一时代)。[10] 二里头时代的二里头都邑,就是当时的"中央之邦";二里头文化所处的洛阳盆地乃至中原地区,就是最早的"中国"。

作为世界几大原生文明发祥地之一的东亚大陆,到了

考古学上的"文化"

考古学家口中的这个词,简单地说就是过去的一群人留下的一套东西及其蕴含的信息。这套东西区别于生活在不同时空的另一群人的另一套东西。它包括"不动产",如房子、墓葬、垃圾坑等,也包括祭祀、生产、饮食、日用等一应物品。考古学家借此解析古代社会。它一般以最初发现地或较重要的遗址所在地的小地名来命名。考古学家最想做的就是"透物见人",看看是什么样的一群人在什么样的环境下做了什么,为什么,又是怎样留下了这些东西,甚至想探究他们是怎么想的。从这个意义上讲,考古学上的"文化"又并不限于"物"的层面。

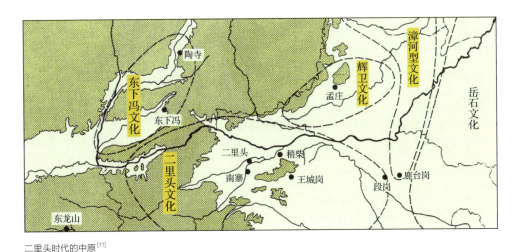

二里头时代的中原[11]
二里头文化的直接分布范围并不太大,它以河南中西部中原龙山文化分布区域为根据地,以洛阳盆地的二里头王都为中心,其直接控制范围应在直径200公里以内,它的周围还分布着其他拥有独立势力的集团

二里头时代,才正式拥有了可以与其他文明古国相提并论的文明实体。二里头文化与后来的商周文明一道,构成华夏早期文明的主流,确立了以礼乐文化为根本的华夏文明的基本特质。因此可以说,二里头时代的出现在中华文明发展史上具有划时代的历史意义。

一点一面:最早"中国"的两大特质

以二里头遗址和二里头文化为代表的最早的"中国"这一文明实体,显现出东亚大陆人类发展史上史无前例的两大特质。这两大特质,可以用一"点"一"面"来概括。一"点",是指其都邑中心的庞大化与复杂化,堪称"华夏第一王都";一"面",是指其大范围的文化辐射,形成中国乃至东亚地区最早的强势"核心文化"。

"华夏第一王都"的中国之最

我们不妨先列举二里头遗址的若干重要发现,从中可以窥知它作为王朝都邑的高度发达与复杂程度,这在中国历史上都是前所未有的。

这里发现了——

最早的城市干道网;

最早的宫城（后世宫城直至明清"紫禁城"的源头）；

最早的中轴线布局的宫室建筑群（建筑上的王权表征）；

最早的大型多进院落和"四合院"宫室建筑；

最早的青铜礼器群（含容器与兵器，华夏青铜文明之肇始）；

最早的大型围垣官营作坊区；

最早的青铜礼器铸造作坊；

最早的绿松石器作坊。

这里是——

公元前二千纪前半叶最大的中心性城市（现存面积约300万平方米），

最早的具有明确城市规划的大型都邑。

此外，玉质礼器、各类龙形象文物、白陶和原始瓷的发现，以及骨卜的习俗、鼎鬲文化的合流等，都是"中国"元素的大汇聚。

> **千纪**
>
> 千纪（millennium）与世纪（century）对应，一个千纪是1000年，等于10个世纪。

东亚最早的"核心文化"

与早于它的众多史前文化相比，二里头文化的分布范围首次突破了地理单元的制约，几乎分布于整个黄河中游地区。其文化因素向四围辐射的范围更远大于此，北达燕山以北，南至由东南沿海到成都平原的整个长江流域，东及豫鲁交界，西到甘青高原一带。

鉴于上述，我们可以说，二里头遗址是迄今所知中国最早的广域王权国家的都城；而在当时文化发展程度最高的二里头文化，则成为东亚地区各族团在走向社会复杂化进程中第一支遥遥领先的核心文化。

从事物发展演变的规律上看，量变的积蓄是绝对的，质变不过是人们从哲学或史学高度进行的宏观而抽象的概括定性。正如一些学者指出的那样，文明的演进是一段路途而不是一道门槛，是一个历史过程而不是一个历史事件。但这一演进过程也不是匀速的，还真的有一些跳跃性的节点，可以称为"突变"或"巨变"，让考古学家们精神为之一振。譬如上面谈及的二里头遗址出土的众多的中国之最，在中国历史上都是"史无前例"的，考古学家还没有在早于它的龙山时代中找到其直接的、顺畅的源头。作为东亚地区最早的"核心文化"，二里头文化的崛起也给人以横空出世、异军突起的感觉。也许，这样的关键性节点就可以叫作开创历史的新纪元吧。

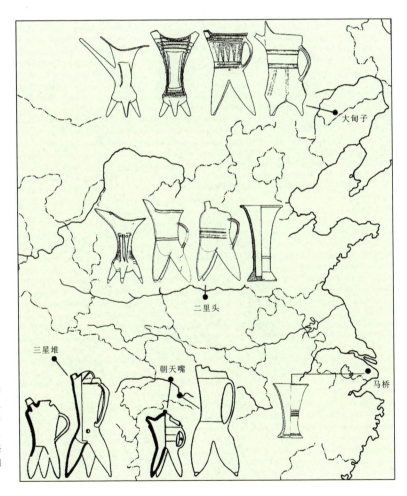

二里头式陶酒器的分布[12] 具有二里头文化风格的陶酒器盉（或鬶）、爵、觚等，在二里头文化的兴盛期已到达了距中原相当远的地域

开创纪元——由"多元邦国"到"一体王朝" 21

全球视野

中国文明兴起的世界背景

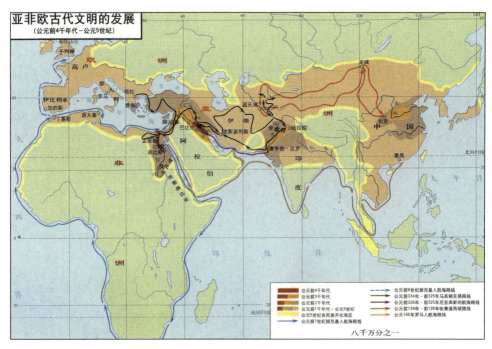

欧亚非大陆早期文明的分布[1]

"旧大陆"的大河文明

从全球文明史的角度看，分布于大部分地区的若干人类社会都大体在公元前 10000 年至公元前 8000 年前后跨越了人类历史上一个大的分水岭，即进入新石器时代，发生了"农业革命"。"这一革命促使底格里斯河和幼发拉底河流域、尼罗河流域、印度河流域以及黄河流域得以发展出古代的大河流域文明。古代文明始于大约公元前 3500 年并一直延续到公元前的第二个千年。"[2] 依时代先后，这四大文明分别是美索不达米亚文明（两河流域文明）、埃及文明、印度河文明（哈拉帕文明）和中国文明（以黄河和长江流域为中心）。

这些文明发祥地基本上位于北回归线至北纬 40 度线之间的暖温带和亚热带，其共通之处是河川及其两岸都有肥沃的冲积平原，这些平原都孕育出了发达的农耕社会。各个农耕社会的兴起及其内涵存在着地域、发展阶段和演变过程等诸多的差异,同时也存在着某些共性。这些文明中心都有高度发达的农业,积蓄了丰富的剩余农产品,从而促进了人口的增长和聚落的扩大、贸易的增加和分工的细化。一般认为,在这些大河流域,治水和灌溉需要大规模的共同作业,因而产生了强有力的权力中心和统率者。但也有学者认为,大河流域的人工灌溉,是在建立了文明和国家之后才得以真正实现的,应该说是文明的结果而不是文明的原因。无论如何,以王权为中心的古代国家的出现是大河文明发展的共同结果。

全球主要文明发祥地的历程

公元前	埃及文明	爱琴文明	美索不达米亚文明 南部	北部	印度河文明	中国文明
3500	前王朝 地区性小国		乌鲁克时期			
3000	早王朝		杰姆代特 奈斯尔时期 苏美尔早王朝			
2500	古王国 金字塔始建				前哈拉帕文化	
		王宫以前	阿卡德王朝 新苏美尔		哈拉帕文化	龙山时代 诸文化
2000	第一中间期 中王国	旧王宫	古巴比伦 重新统一 汉谟拉比在位 赫梯	古亚述		新砦类遗存
	第二中间期	新王宫				二里头文化
1500	新王国	迈锡尼		中亚述		二里岗文化
						殷墟文化
1000						西周文化

还有学者认为，爱琴海也是一大发祥地

除了这些"大河文明"，在号称"蓝色星球"的地球上，当然还有若干以岛屿为据点的独特的"海洋文明"。追根溯源，它们应是大河文明先驱扩展的结果，同时又具有较强的独立性，表现出不同于大河流域文明的特色。有的甚至被认为也属于文明的发祥地，如爱琴海上的克里特文明。

约公元前 1900 年，地中海东部爱琴海区域的克里特岛上发展出了克里特文明，又称米诺斯文明。"米诺斯文明"一名，来自古希腊神话中的克里特贤王米诺斯。克里特文明，属于该地青铜时代的中晚期。它是欧洲最早的古代文明，也是希腊古典文明的前驱。以精美的王宫建筑、壁画及陶器、工艺品等著称于世。一般认为，它是在对外贸易中受到美索不达米亚文明和埃及文明的影响。如建筑模式、数学以及线文字等，都可能模仿自埃及文明。政治结构也与埃及和美索不达米亚相似。有的学者将其形容为具有华丽的"王宫文化"的，纤细优美、个性丰富的女性化文明。

这一文明终结于公元前 1450 年左右，此后的克里特为迈锡尼人所占领。克里特文明的兴盛期，与二里头文化大体相当。

文明古国异同观

学者们在对各大文明古国的比较研究中，经常用形象的语言高度概括它们的特色。这些分析，有助于我们从总体上把握它们的本质特征。

如相对于上面提到的克里特文明的华丽而纤细的女性美，美索不达米亚文明则被认为极具睿智而充满男性的雄浑。它与埃及文明相比，活力四射但又具有不稳定性，政治经常以区域性的城市国家为基础发生变动，充满荣枯盛衰，因而可被称为经受了血与火的洗礼的动态文明。这支巨大的文明因其地理上呈开放之势而有文化上"杂交"的优势。这与中原文明是颇为相近的。

1　乌尔城址中的神庙
2　苏美尔的象形文字泥版
3　乌尔王军旗
4　拉伽斯城邦的石雕像
5　阿卡德帝国萨尔贡面具

美索不达米亚文明　美索不达米亚文明以极具特色的楔形文字泥版、宏大的神殿建筑等"黏土"来表现自我,巨大的"庙塔"是这一文明的标志性建筑

全球视野——中国文明兴起的世界背景　　27

埃及文明 埃及文明以象形文字和包括金字塔在内的巨大石造建筑为象征，这支文明惯常使用的重要材质则是"石料"

埃及文明由于地缘的原因，与外界的交流处于从属地位，可以称为相对稳定的静态文明，像这支文明惯常使用的重要材质"石料"一样。尼罗河水流稳定，以洪水的可预知性著称，被视为让人感恩的永不枯竭、慷慨好施的源泉，而不像美索不达米亚的河流那样被看作带来洪灾的罪魁祸首。

从这一点上看，中国文明与后者接近，黄河母亲虽孕育出了华夏文明，但在历史上，它基本上是作为"害河"而出现的。治水与救灾，是贯穿古代中国史的一条重要的主线。

在埃及，社会稳定、政治集权和对安然之死的追求（来世观念）之间存在着内在的联系。是这些因素促成了大型墓葬纪念物和木乃伊的保存方式的产生，因而有学者称其为"墓葬文化"。强大的政治结构和谨慎的墓葬安排之间的联系在中国文明中也存在，尽管二者在具体的宗教信仰方面差别很大。

全球文明史中的中国文明

就社会复杂化和文明兴起的时间而言，美索不达米亚文明和埃及文明在公元前 3500 年左右即已出现了国家，产生了文字、作为权力中心的城市以及复杂的社会结构等大多数后世文明所具有的特征。受美索不达米亚文明影响的印度河流域文明大约兴起于公元前 2700 年或稍晚。再向东，从乌拉尔山脉一线到印度洋以东的广大地区，因地理的阻隔而很少受到西方文明的刺激。公元前 3000 年左右，在黄河和长江流域已出现了若干社会复杂化程度较高的、可以被称为"邦国"的政治实体，如大汶口文化（中晚期）、良渚文化等。这种"万邦"林立的状况持续了一千多年，才出现了相当于美索不达米亚文明的苏美尔早王朝、埃及文明的早王朝和印度河文明的哈拉帕文化那样的较大规模的王权国家——以二里头文化为先导的中原王朝文明。可以说，作为文明诞生前提的定居与农耕发生的时间，中国与其他文明发祥地

1	
2	
	3
4	

1 吉萨金字塔群（公元前三千纪中叶）

2 医学纸草文书（公元前 1600 年前后）

3 法老孟考拉与女神雕像（公元前 2500 年前后）

4 贵族墓壁画：涅巴蒙捕鸟图（公元前二千纪下半叶）

不相上下，只是充分发展的时代来得晚了一些。就现有材料而言，这批东亚最早的青铜文明的兴起，应与欧亚大陆青铜文化的东传有密切的关联。

中国地理环境的基本特点是自成独立的地理单元，并且有一种天然的多元向心结构。相对于今天，在交通不发达的史前，很难同外界发生经常性的文化交流；即便受到外界的影响，其力度也大打折扣。因而，中国史前文化及早期文明基本上是在相对封闭的地理条件下发展起来的。但与此同时，我们也不能忽视其在产生和发展的过程中所接受的外来文化因素的影响。

在全球古代文明发祥地中，中国文明数千年间大致连续演进，独

位于世界东方的中国[3]　中国的地形很像一个大座椅，背对欧亚大陆而面向海洋。它的四周有高山、大河、草原、沙漠和海洋的阻隔，从而形成一个相对独立的地理单元

具特色,而其他几支文明在经历了各自的辉煌后,都相继退出了历史舞台,以致今天的考古学家和历史学家对这几支文明创造者的族属和来去行踪等,仍然没有准确的把握。相比之下,我们对中国古代文明的探索有着得天独厚的有利条件。

历史清晰度:另一视角的比较

读上述几大文明发祥地的历史书,你会觉得其信息含量和叙述的细致程度,超出我们对中国早期文明史的了解。原因何在?关键取决于文字文献材料的丰富程度。美索不达米亚文明早在公元前3500年前后,即发明了象形文字,后来发展出一套系统的表音符号,其文字是刻于泥版上的楔形文字。到公元前2000年前后,苏美尔人就写下

汉谟拉比法典碑

印度河文明 摩亨佐·达罗遗址出土的印章和石人像等（公元前2500—前2000年）

了世界最古老的故事《吉尔伽美什史诗》。与二里头文化同时代的古巴比伦，已有了著名的刻于石碑上的《汉谟拉比法典》。

埃及文明使用象形文字，写于莎草纸上或刻在石头上，留下了大量带有丰富历史信息的文字材料。此外，这些文明中心还保存下来为数众多的显现生活细节的图像。考古学家凭借这些文字和图像，可以进行详细的编年，复原当时人们的日常生活，甚至深及人们的思想意识和宗教活动。

爱琴海的克里特文明使用的线形文字，据研究，系源于埃及的象形文字，这支文明也有保持大规模文献记录的传统。

在印度河文明中，虽然也发现了不少铭刻在石、陶、象牙上的字符，出土的印章上保存了一套复杂的文字系统，但至今仍无法解读，所以考古学家对这支文明的了解远不如美索不达米亚文明和埃及文明。这与早期中国的情况是相近的。

为什么早期中国的纪年不确切？

与其他文明发祥地发现了丰富的早期出土文献相比，在中国，最早的包含大量历史信息的出土文献——甲骨文，属于高度发达的商王朝晚期（约公元前1300—前1046年），它本身并没有明确的纪年材料。其后的西周时代的铜器铭文，能够推定王年的也寥寥无几。根据《史记》的记载，确凿的中国历史纪年只能追溯到西周共和元年，即公元前841年。再往前，只能是仁者见仁、智者见智的推算了。

我们先看看西周王朝的始年，也就是著名的武王伐纣这一重大历史事件的准确年代吧。据"夏商周断代工程"的统计，两千多年来，中外学者根据各自对文献和西周历法的理解推算，形成了至少44种结论。最早的是公元前1130年，最晚的是公元前1018年，前后相差112年。那么再往前推算，商王朝的第一代君王商汤起兵灭掉夏桀，以及大禹的儿子夏启建立夏王朝，都是在哪一年呢？各种文献说法不一。比如商王朝的存在时间，有的说458年，有的说496年，也有说500多年、600多年的，最长的是629年。又如夏王朝的存在时间，有的说431年或432年，有的说471年或472年。由于采用不同的说法，从西周初年开始的计算累计误差，各种结果相差就超过200年。[4]

所以，以往中国历史年表上关于夏代的存在年代只能含糊地写着上限为公元前22世纪或公元前21世纪，夏商之交为公元前17世纪，后面时常再打上个问号以示慎重和留有余地。即使在今天看来，这也是合适的。在"夏商周断代工程"启动之初，有学者曾推断说，几年后，或许会把上述诸多说法统一为一种说法，或许会再增添一种或数种新说法。现在看来，"工程"是通过验证讨论、斟酌比较，在以前的众多说法中选出了一个专家们心目中的最优解，专家们自己也没有说这

夏（公元前 2070—前 1600 年）

禹	少康	不降	发
启	予	扃	癸
太康	槐	廑	
仲康	芒	孔甲	
相	泄	皋	

商前期（公元前 1600—前 1300 年）

汤	沃丁	中丁	沃甲
太丁	太庚	外壬	祖丁
外丙	小甲	河亶甲	南庚
中壬	雍己	祖乙	阳甲
太甲	太戊	祖辛	盘庚（迁殷前）

商后期（公元前 1300—前 1046 年）

王	年代（公元前）	年数
盘庚（迁殷后） 小辛 小乙	1300—1251	50
武丁	1250—1192	59
祖庚 祖甲 廪辛 康丁	1191—1148	44
武乙	1147—1113	35
文丁	1112—1102	11
帝乙	1101—1076	26
帝辛（纣）	1075—1046	30

西周（公元前 1046—前 771 年）

王	年代（公元前）	年数
武 王	1046—1043	4
成 王	1042—1021	22
康 王	1020—996	25
昭 王	995—977	19
穆 王	976—922	55（共王当年改元）
共 王	922—900	23
懿 王	899—892	8
孝 王	891—886	6
夷 王	885—878	8
厉 王	877—841	37（共和当年改元）
共 和	841—828	14
宣 王	827—782	46
幽 王	781—771	11

夏商周年表　国家级重大科研项目"夏商周断代工程"公布的年表，将夏、商、周王朝建立的年代分别定为公元前 2070 年、前 1600 年和前 1046 年，也只能看作一种说法而已

是唯一解。这是一种科学的态度，探索是没有止境的。

"定论""正确""错误"一类倾向于绝对定性的词，似乎并不适用于早期历史与考古研究领域。出土文字材料的匮乏、传世文献的不确定性，导致我们对早期中国的纪年只能做粗略的把握。"疑则疑之"既出于不得已，也是一种科学的态度。

寻梦之旅

从故纸堆到考古现场

文献记载的早期王朝史可信吗？

中国历史源远流长，有丰富的文献典籍流传于世。它的厚重、连贯和详尽历来是我们民族引以为豪的。但有关早期王朝历史的文献掺杂传说，且经数千年的口传手抄，甚至人为篡改，究竟能否一概被视为信史，历来都有学者提出质疑。

中国的早期王朝国家形成于何时？西汉太史公司马迁在中国最早的通史巨著《史记》中，记有夏、商（殷）、周三个相继崛起的王朝。最后的周王朝因有详细的记载并有出土青铜器铭文和甲骨文的印证，自西周末期的公元前841年之后更有确切的纪年，已经可以确证。但司马迁所处的汉代，已距夏、商千年有余，相当于我们现在写唐宋史。谁能证明太史公描绘的夏、商时期发生的种种事件，以及历代夏王、商王的传承谱系是完全可靠的呢？甚至历史上究竟有没有过夏、商王朝存在，从现代史学的角度看，都是值得怀疑的。

清代以后，学者们逐渐考证清楚，即使公认的最早的文献《尚书》，其中谈论上古史的《虞夏书》，包括《尧典》《皋陶谟》《禹贡》等名篇，也大都是战国时代的作品，保留古意最多的《商书》之《盘庚》，也经周人改写过。进入战国时代，随着周王王权式微，谋求重新统一的各诸侯国相互征战，各国的君主都自诩本国为中国之正宗，因此都把祖先谱系上溯至传说中的圣王，其中伪造圣王传说的例子也不少。

关于夏、商王朝的制度，到春秋时代已说不清楚了。孔子即曾慨叹道："夏礼，吾能言之，杞不足征也；殷礼，吾能言之，宋不足征也。文献不足故也。"（《论语·八佾》）作为夏人、商人后代的杞国和宋国，都没有留下关于王朝制度的充足证据。连夏、商王朝的追忆都变得十分模糊，更不必说它们以前的尧、舜时代了。况且，流传下来的这些文献记载比孔子的时代还晚，即便夏王朝曾经存在过，要想从古文献中得知它的确切状况也是相当困难的。

王系的疑窦

据《竹书纪年》《左传》《史记·夏本纪》的记载，夏王朝自禹至桀共十七王。其中，除了外敌入侵导致太康迁都之际，以及第十一、十二代王时两度兄弟相继外，王位继承上都是采取非常安定的父子相继的传位法。然而，这与以兄弟相继为主的商的王系相比，确实给人以不太自然的感觉。因为从王位继承法的演化进程看，兄弟相继较父子相继是较为原始的、容易产生动乱的方式。当然不能排除这样的可能性，即商人有兄弟相继的习俗，相反夏人则有父子相继的相对进步的习俗。因族属的不同而有不同的社会习俗，是很正常的。然而，如果以父子相继为准则，那么未成年的王和昏庸的王即位，王权的不稳定就是无法避免的，所以必须确立稳定的国家制度。夏王朝是否已确立了这样的体制，就是个问题。

依王国维的考证，《史记·殷本纪》所记载的商王的系谱，与由殷墟甲骨文中复原出的王系大体一致。包括商先公（前王朝时代的统治者）在内的王系能被确切地传承下来，与商王朝及其后代举行定期的祖先祭祀的传统有关。不过，兄弟相继的情况，见于开国之君汤（大乙）至第二十七代王庚（康）丁；总计十四代先公以及庚（康）丁至第三十一代帝辛（纣）的五代商王则是父子相继。商代末期这五代父子相继的商王统治时期，显示出稳定的王权的确立。问题是商先公即前王朝时代的父子相继。

如果把兄弟、从兄弟等同代人作为一代加以统计，那么夏王朝从禹到桀（履癸）共十四代十七王。与其同时代的商先公帝喾到示癸也恰好是十四代，其中七人的名号也与夏王的名号相类。这一点早已由

夏王世系与商先公世系的比较

夏—启—○—相 —○—○—槐—芒—○—不降……履癸
‖　‖　　‖　　　↘　↙　‖　　　　　　‖
喾—契—○—相土—○—冥—亥—　　王恒……示癸

著名学者陈梦家先生指出。

十四代中有半数的人名如此相似,这恐怕难以看作偶然的一致。何况夏王朝与商的先公时代在时间上是重合的,而且都是父子相继。鉴于此,陈梦家推断夏与商本属同族,而后才有了将夏和商在系谱上一分为二的作伪行为。[1]

其实关于夏世系中的王名,清代学者崔述已有怀疑,顾颉刚先生等对其非真实性更有进一步的考辨。[2] 有学者进而将传世文献中的夏世系分为传说、过渡、现世三个阶段,指出其中"太康—中康—相—少康"四位夏后是连接传说阶段与现世阶段的人为虚构的过渡阶段世系,是商代中期"太戊—仲丁—外壬—河亶甲—祖乙"五位商王事迹的史影。由此可知传世文献中的"夏世系"并不完全可信,而诸如"自禹至桀十七世……用岁四百七十一年"(《竹书纪年》)之类关于"夏年"的记载也就随之失去了可信度。[3]

"古史辨"扫荡传统古史

20世纪初,一批热心追寻真理的知识分子,受西方现代治学方法的熏陶,以"离经叛道"的反传统精神,开始对国史典籍进行全面

顾颉刚与《古史辨》 从1926年起,顾颉刚等学者把当时持各种观点的论文陆续结集出版,这就是著名的《古史辨》。到1941年,共出版了七大册。"古史辨",成为20世纪上半叶中国史学界乃至知识界一个最大的亮点

的梳理和检讨，从而搅动了以"信古"为主流的中国学界的一潭死水。

代表人物顾颉刚，在1923年提出了著名的"层累地造成的中国古史"的论点。他尖锐地指出，"时代愈后，传说的古史期愈长"，"时代愈后，传说中的中心人物愈放愈大"。例如周人只谈论过禹，孔子至多提到尧、舜，战国时开始谈论黄帝、神农，到汉代才加上盘古。所以，我们"即不能知道某一件事的真确的状况，但可以知道某一件事在传说中的最早的状况"。此后，以他为首的一批学者发表文章，对先秦古史的主要说法予以逐条批驳，认为被后人奉为金科玉律的那些传统古史的说法，大都是出于儒生们的伪造。[4] 这导致史学界围绕古代史料真伪问题展开了一场大论战。

"古史辨"运动让传统史学彻底摆脱了儒家"经学"框架的沉重束缚，动摇了历代相传的三皇五帝体系，在客观上引起人们对用现代科学的眼光重新考察中国文明起源和进程的兴趣，推动了中国早期历史的研究。正如顾颉刚先生自己总结的那样，这场古史之辨"对于今日研究古史的人们，在审查材料和提出问题上给予了许多的方便，同时也可给读者一种崭新的历史观念"。

与此同时，由盲目信古到全盘否定式的疑古，也颇受矫枉过正、"疑古过头"之讥。但正如有的学者指出的那样，也许对于沉疴太重的中国传统史学，不下此烈药不足以使其猛醒。也许正是借助这场有点儿不分青红皂白的扫荡，后来的学者才有足够的空间对古史做比较从容、比较客观的剖析，真正做到择其善者而从之。[5]

现代考古学在中国应运而生

疑古思潮在20世纪上半叶达于极盛。"上古茫昧无稽"（康有为语）是从学界到公众社会的共同感慨。

客观地看，对于古籍，我们既不能无条件地尽信，也没有充分的证据认为其全系伪造。对其辨伪或证实工作，只能就事论事，逐一搞清，而无法举一反三，从某书或某事之可信推定其他的书或其他的事也都可信。既不能证实又不能证伪者，肯定不在少数，权且存疑，也不失为科学的态度。

"古史辨"运动留给后人的最大遗产，在于其疑古精神。无"疑"则无现代之学问。

在这样的学术背景下，源于西方的现代考古学在中国应运而生。与世界其他文明发祥地不同，中国考古学在诞生伊始，就以本国学者而非西方学者作为研究主力。中国考古学家与其研究对象间的亲缘关系，决定了中国考古学的探索不同于西方学者对其他文明的所谓"客观研究"。通过考古学这一现代学问寻根问祖，重建中国上古史，探索中国文化和文明的本源，成为中国考古学自诞生伊始直至今日最大的学术目标。

由已知推未知的探索

20世纪初叶，甲骨文的发现与释读，证明《史记·殷本纪》所记载的商王朝的事迹为信史。这给了中国学术界以极大的鼓舞。王国维

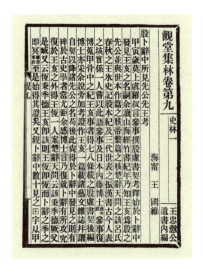

1 王国维《观堂集林》 公布这一重大发现的两篇著名的论文就收录在这部文集中

2 20世纪30年代安阳殷墟发掘 安阳殷墟的发掘，确认这里是商王朝的晚期都城遗址，从而在考古学上确立了高度发达的殷商文明。这就给探索中国早期文明提供了一个可靠的时间和文化特征上的基点。（上）王陵区商王大墓的发掘（下）小屯宫庙区的发掘

先生本人即颇为乐观地推论:"由殷周世系之确实,因之推想夏后氏世系之确实,此又当然之事也。"[6]由《史记·殷本纪》被证明为信史,推断《史记·夏本纪》及先秦文献中关于夏王朝的记载也应属史实,进而相信夏王朝的存在。这一推论成为国内学术界的基本共识,也是夏文化探索的前提之所在。

丰富的文献典籍理所当然地成为中国第一代考古学家开展最初的田野工作的问路石。

中国学者最早独立进行的田野考古活动,是1926年李济在山西夏县西阴村的发掘,其契机是循着文献记载寻找夏王朝的遗迹。由中国政府出资和组织的第一次大规模发掘,是始于1928年的河南安阳殷墟发掘,其目的是循着文献记载与甲骨文确认商王朝的遗迹。[7]

殷墟发掘的主持人、被称为"中国考古学之父"的李济先生在20世纪30年代即指出:"殷商以前仰韶以后黄河流域一定尚有一种青铜文化,等于欧洲青铜文化的早中二期,即中国传统历史的夏及商的前期。这个文化埋藏在什么地方,固

1 "中国考古学之父"李济

2 郑州商城的发现 面积巨大的夯土城圈及青铜重器等重要遗存的出土,表明这是一处大型都邑,一般认为是商代前期的商王朝都城。东城墙至今仍高耸于地面

3 20世纪80年代发现的青铜器窖藏

4 古史学家徐旭生

然尚待考古学家的发现；但对于它的存在，我们根据我们考虑各方面事实的结果，却可以抱十分的信心。"[8] 这一预言在 20 年后果真应验了。

以商王朝都城殷墟为基点，循着由已知推未知的思路，考古学家又继续探索商王朝前期乃至夏王朝的遗迹。20 世纪 50 年代在河南郑州发现了早于殷墟文化又与其一脉相承的新的考古学文化，即二里岗文化。至此，考古学上的商文化被上推至二里岗期。受到这一发现与研究进展的鼓舞，中国学者又制定了一项矢志追求的重要学术目标，即结合古代文献，从考古学上寻找夏族和夏王朝的文化遗存，进而恢复夏代历史的本来面貌。

徐旭生寻"夏墟"找到二里头

说来有趣，中国考古学上的许多重大发现，都出于偶然的机遇，而不是按照既定的学术目的探察所得。然而，二里头遗址的发现却恰恰属于后者，它是历史学家与考古学家在踏查传说中的"夏墟"时发现的。

徐旭生先生是 20 世纪前半叶活跃于学界的著名古史学家，国学功底深厚，兼有留学法国的背景，学术视野开阔。他的代表作《中国古史的传说时代》初版于 1943 年，在学界产生了重要的影响，该书在其后的数十年中多次重印。[9] 进入 50 年代，为从考古学上探索夏王朝，身为中国科学院考古研究所（现属中国社会科学院）研究员的徐旭生，先把成书较早、可信度较高的上古文献中关于夏王朝都城和主要活动地域的记载加以排比梳理，指出最有可能找到夏文化遗存的两个区域："第一是河南中部的洛阳平原及其附近……第二是山西西南部汾水下游一带。"以此为线索，1959 年夏，他以 70 多岁的高龄率队寻找"夏墟"，踏查了河南省登封、禹州、巩义、

图四 河南偃师县遗址地形图

偃师等地的数处遗址。偃师二里头遗址的发现就是这次调查最重要的收获。[10]

鉴于二里头遗址出土物丰富、面积广大，且位于史籍记载的商王朝的第一座都城"西亳"所在地，徐旭生认为该遗址"为商汤都城的可能性很不小"，于是引起学术界的极大关注。当年秋季，河南省文化局文物工作队和中国科学院考古研究所分别进驻二里头遗址进行发掘，其后发掘工作由后者独立承担。

徐旭生凭传世文献"摸"到二里头，其中一个最大的启示是：文献中关于古史的传说并非全是无稽之谈；经过系统梳理考证的文献，可以作为我们探索中国早期文明的有益线索。

一甲子的巨大收获

自 1959 年秋季以来的 60 年里，二里头遗址的田野工作持续不断，累计发掘面积达 4 万多平方米，取得了一系列重要的成果。考古人薪火相传，赵芝荃（1928—2016）、郑光（1940—）、许宏（1963—）三任考古队长先后主持发掘工作，参与田野工作的人员达数百人。

考古工作者在这里发现了大面积的宫殿建筑基址群和宫城城垣，以及纵横交错的道路遗迹；发掘了大中型宫室建筑基址 10 余座，大型青铜冶铸作坊 1 处，绿松石器制造作坊 1 处以及其外围的围垣设施，与制陶、制骨有关的遗迹若干处，与宗教祭祀有关的建筑遗迹若干处，以及中小型墓葬 400 多座，其中包括出土成组青铜礼器和玉器的贵族

1 1959 年刊布的"夏墟"调查简报 对于二里头遗址，徐旭生在调查报告中感叹，"如果乡人所说不虚，那在当时实为一大都会"。二里头终于进入慧眼识珠的学者的视野

2 20 世纪 60 年代的发掘现场

3 20 世纪 60 年代揭露的 1 号宫殿基址主殿

寻梦之旅——从故纸堆到考古现场　47

1 20世纪70年代揭露的2号宫殿基址南门与南庑
2 当地的老人和妇女是考古队发掘的主要劳动力
3 传为盗墓者发明的"洛阳铲"在考古勘查中仍发挥着重要的作用
4 2002年宫殿区东部建筑群发掘场景
5 "非典"中抱了个大金娃娃：发现中国最早的"紫禁城"

寻梦之旅——从故纸堆到考古现场

2003年宫殿区的发掘

墓葬。此外,还发现并发掘了大量中小型房址、窖穴、水井、灰坑等遗迹,获取了大量陶、石、骨、蚌、铜、玉、漆器和铸铜陶范等遗物。[11]

作为中国文明与早期国家形成期的大型都邑遗存,二里头遗址的重要学术地位得到了国内外学术界的公认。同时,二里头遗址地处古代文献所记载的夏王朝的中心区域,二里头文化的年代也大体在夏王朝的纪年范围内。因此,二里头遗址理所当然地成为探索夏文化和夏商王朝分界的关键性遗址。学者们在夏文化的探索上倾注了极大的热情,呈现出百家争鸣的盛况,其参与人数和发表学说之多,历时之长,讨论之热烈,都远超其他学术课题,为海内外学术界所瞩目。[12]

二里头:究竟姓夏还是姓商

如前所述,二里头遗址是在探索"夏墟"和夏文化的过程中被发现的。如此巨大、辉煌的一座都邑,使得严谨而保守的学者们也禁不住感叹它所透出的浓重的"王气"。大家都同意它已进入了文明时代,但这到底是谁留下的都城呢?中国考古学家对此抱有浓厚的兴趣。

自发现以来,有关二里头遗址与夏文化的争论持续不断。二里头早于郑州商城,但它究竟是夏都还是商都,抑或是前夏后商,学者们长期以来聚讼纷纭,争议不休。徐旭生先生本来是在踏查"夏墟"的过程中发现二里头遗址的。但他根据文献记载,以及50年代当时对相关文化遗存的认识,仍推测二里头遗址"为商汤都城的可能性很不小"。此后这一意见在学术界占据主流地位达20年之久。20世纪70年代后期,北京大学邹衡教授独自提出"二里头遗址为夏都"说,学界遂群起而攻之。此后,各类观点层出不穷。从作为先行文化的中原龙山文化晚期到二里头一、二、三、四期,直至二里岗文化初期,每两者之间都有人尝试着切上一刀,作为夏、商文化的分界,而且都有各自的道理。三十年河东,三十年河西,到了世纪之交,学界又一边倒地形成了以邹衡先生的观点为中心的共识。近年,这一共识又有所摇摆,人们开始认可二里头文化只是夏文化的一部分的观点。

说到这里,有人会问,"主流观点"和"共识"就更接近历史的

陪同邹衡教授考察二里头遗址(2005年)

真实或者真理吗？那么在原来的"主流观点"和现在的"共识"之间，哪一个更接近史实或者真理呢？而且，别忘了还有一句老话叫"真理往往掌握在少数人手里"。夏商周考古学的大家邹衡教授，正是凭着这样的信念特立独行，坚持己见，才迎来了以他的观点为中心的学界的"共识"。然而这句老话是否又过时了呢？

邹衡《夏商周考古学论文集》

可以这样讲，专家学者提出的每一种观点都有其道理和依据，而几乎每一种观点所依凭的证据又都能找出例外和反证来。你在读了本书和其他相关论著，了解了关于夏商之争的来龙去脉和焦点后，也可以提出自己的观点来。只不过所有提法都只是可备一说，代表一种可能性，你说服不了对方，对方也辩不倒你而已。用一句稍显正规的说法就是，这一问题暂时还不具有可验证性。由于迄今为止没有发现像甲骨文那样可以确证考古学文化主人身份的当时的文字材料，二里头的王朝归属问题仍旧是待解之谜。

研究史的启示

说到底，不会说话的考古遗存、后代的追述性文献、并不"绝对"的测年数据，以及整合各种手段的综合研究，都无法彻底解决信史时代之前人群的族属与王朝归属问题。以往的相关讨论研究都还仅限于推论和假说的范畴。二里头都邑王朝归属之谜的最终廓清，仍有待于包含丰富历史信息的直接文字材料的发现和解读。

众所周知，碳十四测年技术这一物理学的测定方法，给考古学年代框架的确立带来了革命性的变化。它使缺乏直接文字材料的早期历史,尤其是史前时代和原史时代的研究,开始有了"绝对年代"的概念。但既有的研究表明,无法消除一定误差的测定值,能否满足偏于晚近、要求精确年代的夏商周时代的研究需求,仍是学术界关注的话题。

应当指出的是,在考古学家致力解决的一长串学术问题中,把考古学文化所代表的人群与历史文献中的国族或者王朝归属对号入座的研究,并不一定是最重要的。暂时不知道二里头姓夏还是姓商,丝毫不影响我们对它在中国文明发展史上的地位和分量的认知。说句实在话,这也不是考古学家最擅长的。考古学家最拿手的,是对历史文化发展的长程观察;同时,尽管怀抱"由物见人"的理想,但说到底考古学家还是最擅长研究"物"的。对王朝更替这类带有明确时间概念的、个别事件的把握,肯定不是考古学家的强项。如果扬短避长,结果可想而知。回顾一下研究史,问题不言自明。

话说回来,目前掌握的各方面的材料,也确实不足以彻底解决这类问题,换句话说条件还不成熟。那就不妨把它放一放,作为一个待解之谜,让它吊着考古学家和历史学家的胃口,引诱着他们去发现更多的奥秘,大家拭目以待,肯定还会有令人振奋的发现。

地灵中原

「第一王都」的诞生背景

东方"大两河流域":农业起源的温床

东亚大陆这个巨大的地理单元,又可以再划分为三个自然地理区域,即青藏高寒区、西北干旱区和东方季风区。前两区的自然环境较差,人口稀少,文化发展相对滞后。后者又可分为东北、华北、华中和华南四个地区,其中东北地区纬度较高,气候寒冷,不可能成为农业起源的地区,文化发展也受到一定的阻碍;华南地区气候炎热多雨,食物资源非常丰富,在史前时期没有发展农业的迫切需要,从而也影响到史前文化的发展。

在东方季风区中,华北和华中的自然条件最好。华北地处黄河流域中下游,属于暖温带季风气候,年降水量多在400—500毫米,为半干旱和半湿润地区。华中基本上属于长江流域,为亚热带季风气候,年降水量达1000—1500毫米,而且水热同步,四季分明,是全球同纬度地区气候条件最好的地方。这两个地区都有漫长的冬季,食物比较匮乏,需要寻找能够长期储藏的食物资源以弥补冬季食物的不足。能够满足这个条件的只有某些可以栽培的野生谷物,华北有狗尾草和野生黍,可以培植为粟和黍;华中有普通野生稻,可以培植为栽培稻。因而这两个地区便成为旱地粟作农业和水田稻作农业起源的大温床。这两大农耕区的分界,大致在秦岭与淮河一线,延续至今。在新石器时代,这里逐步形成两大农业体系,聚落众多,人口稠密,这就为日后中国文明的起源打下了坚实的基础。

鉴于此,著名考古学家严文明把孕育出中国文明的这两大流域称为东方的"大两河流域"[1];而中国古代文明,实际上是东方的"两河流域文明",它是一个比美索不达米亚要大得多的两河流域文明。

中原:重瓣花朵中的花心

由于黄河、长江流域的自然环境优越,地理位置适中,又是最早

1
2

1 东亚季风前沿及其变化趋势[2] 近年来,有学者指出,与降水量密切相关的东亚季风对中国的古气候和古环境起着支配性作用。它不仅是影响湖泊水位、植被、洪水等环境状况的最重要因素,也极大地影响着人类在这一地区为适应生态环境采取的行为方式

2 中国距今6000年的植被覆盖情况[3]

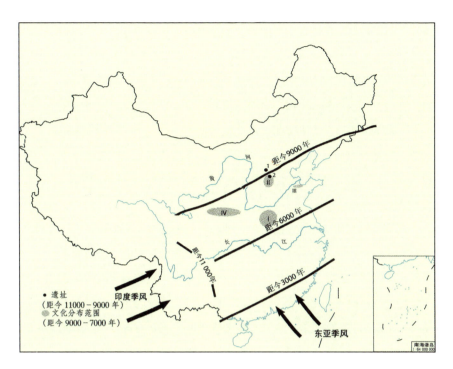

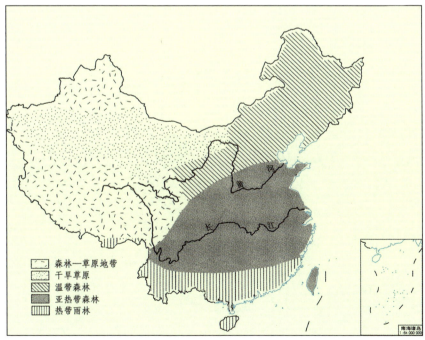

地灵中原——"第一王都"的诞生背景　　57

进入文明的地区，所以在往后的发展中总是处在领先的地位，成为东亚地区经济文化发展的核心地区。而在这个核心地区之中的中原地区，又由于地理位置优越，能够博采周围各区域的文化成就而加以融合发展，从而在一定时期形成核心之中的核心，自二里头文化开始成为中国文明发展的中心。华夏文明就是从这里发生，以后又扩展到更大范围的。各地史前文化相互作用，此消彼长，逐渐从多元一体走向以中原为核心、以黄河和长江这"大两河流域"为主体的多元一统的格局，再把周围地区也带动起来。

这种重瓣花朵式的结构既是一种超稳定性的结构，又是保持多样性因而充满自身活力的结构。由于这种结构本身所具有的凝聚与向心的作用，因而能够在文明产生以后的发展过程中，相邻与相近的文化逐步融合，从而使文化的统一性越来越强，具体表现为花心部分越来越大。中国文明的历史之所以几千年连绵不断，就是与这样一种多元一体的重瓣花朵式的文化结构与民族结构的形成与发展分不开的。[4]

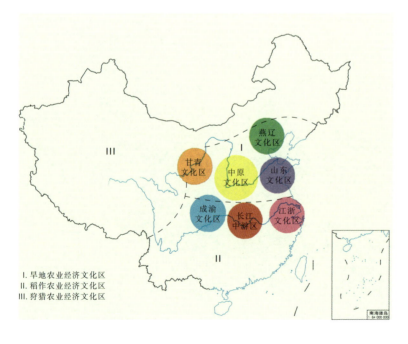

东亚"大两河流域"史前文化圈的分布[5]
严文明教授把整个中国的古代文化形容为一个重瓣的花朵：中原是花心，周围的各文化中心好比是里圈花瓣，再外围的一些文化中心则是外圈花瓣。这种结构的产生是以中国自然地理这一客观条件为前提的

当然，关于这一重瓣花朵中中原"花心"地位形成的时间，究竟是始自仰韶文化极盛期，还是仰韶时代晚期、龙山时代，抑或二里头时代，学术界还有不同的意见。[6]

四方辐辏的交通战略要地

从水系上看，处于华北和华中地区的有黄河、淮河和长江三大水系。而邻近黄河主干道的洛阳至郑州一带当然属于黄河流域。这些中原城市，给人的印象都是与黄河邻近的城市，但其以南直接就是南方的大水系。指出这一点是相当重要的，它具有两方面的意义。其一，它是连接中原与南方各地的交通孔道，中原在南北交通上处于极为重要的枢纽地位；其二，与南方水系相关联的生态环境，和与黄土地带

黄河、长江及其周边水系 我们看看这张图就可以得知：由洛阳盆地向南越过嵩山，即可到达淮河的支流颍河和汝河的上游，从而进入淮河水系。再南下至南阳盆地，即可到达汉江的支流白河，进入长江水系。由颍河、汝河入淮河向下，则很容易地进入长江下游；由白河入汉江向下，则达于长江中游的城市武汉

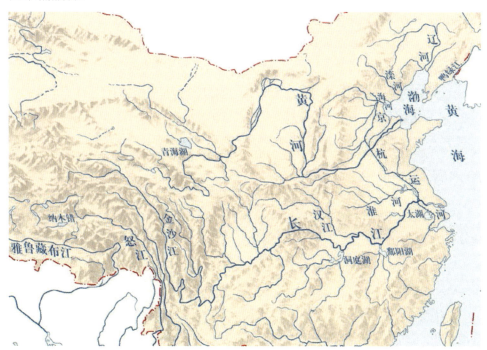

所代表的黄河水系的生态环境，在嵩山南北一带相交错。

再看看洛阳至郑州一带与黄河以北地域的关系。即使在整个黄河流域，洛阳至郑州一带也是屈指可数的可以安全地渡过黄河、维持安定的南北间交通的适宜之地。而且，在黄河以北，连绵的太行山脉由南至北纵向隔断华北地区，就中原与黄河以北的交通而言，有沿太行山脉东侧连接燕山南北一带的通道、沿其西侧的晋中盆地连接鄂尔多斯和内蒙古中南部的通道。中原恰好位于这两大通道的南端，是两者的交汇之地。

以黄河冲积平原相隔，中原也正位于以西的关中平原和以东的海岱地区之间，是与东西双方保持紧密交通联系的重要孔道。向东由黄河、古济水、淮河可达黄河下游，向西由黄河、涧河河谷过三门峡、函谷关可达关中甚至更西的地区。

可知，中原正处于东亚大陆东西、南北间交通中枢的位置上。如后所述，在二里头时代，带有二里头文化因素的遗物，在燕山南北、鄂尔多斯、甘青一带、四川盆地、长江中游、长江下游以及华南等地，即上述交通要道终点所在的远方都有发现。二里头文化横跨嵩山北侧的洛阳盆地与嵩山南侧的颍河、汝河流域，二里头文化所代表的社会，也整合为跨黄河流域和淮河流域的政治实体，更将其势力扩展至黄河以北，形成东亚大陆前所未有的地域关系的中心点。

两大农业区的交汇带

另一方面，中原又是东亚大陆东西、南北生态地理条件各异的诸地域的交叉区。在新石器时代，这里就是粟作农业区和稻作农业区的交汇地带。二里头文化的社会即建立在以粟作农耕和稻作农耕为主的多元农业的基础上。

史前时期多数地域性文化所代表的社会组织，往往因适应单一的环境而建立在单一的农业基础之上，如长江下游地区良渚文化建基于

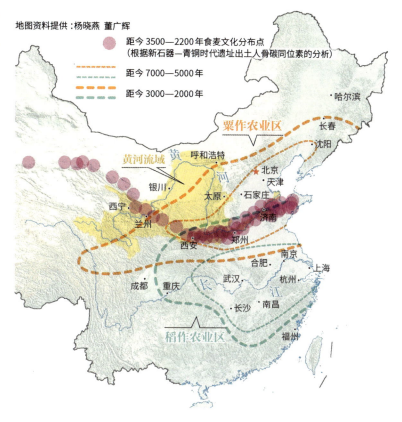

中国史前粟作与稻作分布区[8] 中原地区恰是史前粟作和稻作农业的交汇区

稻作农业之上。有学者研究指出，这类文化适应当地生态环境和进化的程度越深，就越容易走进进化的"死胡同"。假如环境变迁或其他原因导致其基础发生动摇，这种社会就难以找到新的发展方向，也就极有可能因其脆弱性而走向衰退甚至崩溃。[7] 二里头的崛起与飞速发展，与这种模式恰好形成鲜明的对比，旱地作物与水田作物的互补，可以使其更大程度地适应自然环境的变化，从而因具有相对稳定的生业基础而大大增强了生命力。

两大自然和文化板块的接合部

如果您面前有一张彩色的中国地形图，您会很自然地发现前述中国三个自然地理区域基本上是由三个大的色调来表现的，即青藏高寒区大体呈褐色，西北干旱区大体呈黄色，而东方季风区则大体呈绿色。其中，后二者的交界线由东北绵延斜下而至西南，划分出面向内陆和面向海洋的两大地理板块。著名的"胡焕庸线"——中国人口地理分界线与其大致相合。

中国著名考古学家苏秉琦教授指出：东亚大陆面向内陆的部分，多出彩陶和细石器；面向海洋的部分则主要是黑陶、几何印纹陶、有段和有肩石器的分布区域，民俗方面还有拔牙的习俗。我在早年梳理中国史前时期瓮棺葬的材料时，也发现面向内陆的部分，瓮棺葬较多见；而面向海洋的部分，瓮棺葬则极罕见。[9]

> **胡焕庸线**
>
> 中国地理学家胡焕庸（1901—1998）在1935年提出的划分我国人口密度的对比线。最初称"瑷珲－腾冲一线"，因地名变迁，现称"黑河－腾冲一线"。

中国地形图[10]

美国学者吉德炜教授也把中国新石器时代文化划分为两个大的文化共同体，即中国西北部和中原地区的西部为一个共同体，东部沿海和中原地区的东部为另一个共同体。他把这两个文化共同体称为西北部文化圈和东部沿海（或东部）文化圈，认为两大文化圈之间在技术和审美的若干方面表现出极大的差异，并指出两个大文化共同体的相互影响具有重要意义。[11]

无论从地理还是文化上看，中原都处于两大板块的交汇地带。

新石器时代的东亚大陆广大地域，曾普遍使用过两种三足炊器，即实足的鼎和空足的鬲。因而曾有学者把中国古文化称为"鼎鬲文化"。鼎分布于海岱地区、长江中下游，以及中原地区的东部和南部；鬲则分布于整个华北西北部、中原地区的北部和西部。[12]从宏观上看，两者的交错区域正好位于洛阳至郑州一带，这也正是东亚大陆面向内陆和面向海洋两大文化系统的交汇地。二里头文化先盛行用鼎，后亦用鬲，鼎鬲共存，暗寓着面向内陆的鬲文化和面向海洋的鼎文化的碰撞与融合。高度兴盛的王朝文明正是这种碰撞和融合的产物。苏秉琦教授把黄河中游以汾、渭、伊、洛流域为中心的中原地区，称作"在中华民族形成过程中起到最重要的凝聚作用的一个熔炉"[13]。

作为王朝文明之先导的二里头文化，形成于新石器时代两大文化板块的交汇地带。其后的商周王朝时期，伴随着中原王朝势力圈的扩大，属于华北系统的鬲扩散到长江流域和海岱地区。同时，东南系统的鼎在早期王朝时代的中原，作为陶器器类之一种走向衰退，却作为中原王朝青铜礼器的代表性器物而得到重用，成为商周王朝礼仪用器的核心。兴起于中原王朝的、作为青铜礼器之制造基础的陶范制作技术，实际上是新石器时代后期兴盛于华北文化系统的制模技术，与东南文化系统中发达的快轮技术相互融合的产物。因此，在新石器时代文化系统间的相互关系中，可以窥见中国文明形成的文化史的源流。

洛阳盆地地势图 洛阳盆地四面环山，其北、西分别以秦岭山系崤山支脉的邙山和周山为屏，东南、南临嵩山及其余脉万安山。其中邙山是黄河与洛河的分水岭，嵩山是洛河与汝河、颍河等淮河水系的分水岭。洛阳盆地在地质学上属拗陷盆地，盆地内有伊、洛、瀍、涧诸河流纵横其间，其中洛河及其支流伊河横贯盆地，在盆地东部汇合为伊洛河，最后注入黄河。既相对独立，又四通八达，地理形势相当优越

洛阳盆地：形胜甲天下的"地理王国"

洛阳盆地地处黄河中游的河南省西部，属中原腹地。从东西方向看，这里正处于黄土高原的东南缘，中国地势的第二阶梯和第三阶梯的过渡地带。

该区域的地貌大体可分为山地、丘陵、平原三大类型。盆地内南北高，中间低，略呈槽形。北部为邙山黄土丘陵，中部是呈三级阶地的伊、洛河冲积平原，南部为万安山低山丘陵和山前洪积冲积坡地。盆地呈东西狭长的椭圆形，地势自东向西倾斜，盆地内西部海拔150米左右，向东逐渐降至110余米。整个盆地的总面积逾1000平方公里。[14]

盆地内是广袤的平原，地势平坦开阔，交通便利；气候温暖，物产丰茂。肥沃的冲积平原保证了农业生产的丰收，使之能够养活密集的人口。相对封闭的自然环境显然也有利于军事防卫，盆地周围山峦相交处的交通孔道上，历代设有多处关隘要塞，号称东有镮辕之险，

《永乐大典·河南府志》中的偃师县图

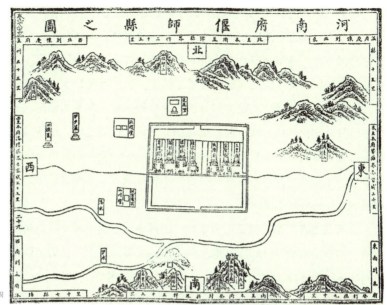

洛阳盆地环境考古图[15]

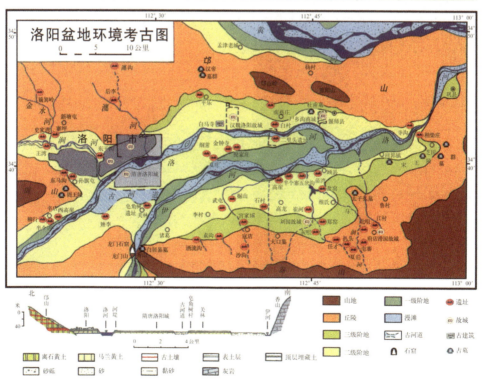

地灵中原——"第一王都"的诞生背景　65

西有崤函之固。因此，洛阳盆地历来为兵家必争之地，帝王建都之所。

有学者从生态环境的角度论述了洛阳盆地所具有的多重过渡性特征：气候方面，这里处于北亚热带向暖温带的过渡带；地形方面，这里处于二级阶梯向三级阶梯的过渡带；纬度方面，这里处于中纬度向高纬度的过渡带；经济文化类型方面，这里处于粟作农业和稻作农业的过渡带；文化传统方面，这里则是四方文化的辐辏之地。这些过渡性特征及其所具有的多重边缘效应（edge effect），使洛阳盆地不仅具有多重的生态适宜性，而且具有很强的环境承载力，从而成为早期王朝建国立都的理想生境。[16]

建于盆地内的都邑如二里头遗址、偃师商城、周王城、汉魏洛阳故城、隋唐洛阳城都分布在盆地北侧宽广的二级阶地上，显现出以盆地周边山脉为屏障，以整个盆地为"大郭"的气势。中国古代以水之北、山之南为"阳"。上述几大都邑，都位于古洛河的北岸（隋唐洛阳城虽跨河而建，但其重心仍在洛北），是为"洛阳"。而二里头遗址是其中最早的一处，因此可说是最早的洛阳。

二里头："文化杂交"的硕果

有学者引进生态学上交会带（ecotone）和边缘效应的概念原理，指出在这样的地理和文化背景下，中原文化区系才能从四面八方吸收各地优良文化因子与本身文化融合为一，从而产生了杂种优势文化。而中国古代文明的基础就是以中原文化为主体与四周文化所产生的杂种优势文化。[17]这一概念颇具启发性。

读世界文明史，常常会感觉良渚文明与埃及文明何其相似：单一的经济，较为封闭的地理环境，极少的对外交往，内部封闭而高度发达的祭祀政治。汤因比认为，埃及文明的悲剧就在于它的纯洁性，正是这种纯洁性使得埃及文明很早就丧失了发展的动力，正是因为缺乏"文化杂交"，它很早就成了文明进化道路上的"木乃伊"。[18]从这一点上看，二里头文明则颇像两河流域的美索不达米亚文明，接受四方冲击的洗礼，在血与火中"涅槃"升华；同时也得四方之赐，东西南北文化因素的融合，成就其高度的发展和政治（处理共同体内外人与人之间的关系）的成熟。只有具备了这种"杂交"之利，经历冲突、磨合和阵痛，才容易达致文明的高度。

二里头的这种"杂交"融合的特征，表现在多个方面，如农耕社会与畜牧型农耕社会的交流融合，粟作农业与稻作农业的融合，建基于两大农业体系的不同信仰祭祀系统的融合，以及鼎文化与鬲文化的融合，青铜文化与玉文化的融合，等等。这些内容都将在下文中逐步展开。

王都气派

城市规划的先端

绝妙的都邑选址

就都邑的选址而言,二里头的地理位置极其优越。其地处洛阳盆地东部,背依邙山,南望嵩岳,坐落于古伊洛河(古代伊河和洛河在二里头上游即已汇合,因此从严格的意义上讲应称为古伊洛河而非古洛河)北岸的微高地上。

二里头都邑创建之初,洛阳平原一带的风光远不是今人站在当

二里头遗址卫星影像 勘查结果表明,遗址东西最长约2400米,南北最宽约1900米,现存面积约300万平方米

地能想象得出来的。那是一片被绿色覆盖着的大地。从那个时期的遗址中出土的植物花粉和动植物遗存看，山上是郁郁葱葱的森林，平原上的湿地随处可见。

现在流经二里头遗址北部的洛河河段，是始于汉魏时期"堰洛通槽"的水利工程使洛河故道逐渐淤塞而改道的。[1] 遗址现存范围的东缘、南缘、西缘大体接近于原始边缘，仅其北部遭到洛河河床的切割破坏。[2] 据现有资料分析，其北缘最大可能位于现洛河河床内，估计原聚落面积应在400万平方米左右。

从微地貌上看，二里头遗址似乎地处地势低下的河流下游近旁。查《偃师县志》，二里头遗址所在的伊、洛河间的"夹河"地区，历朝历代，洪涝灾害不断[3]，按说并非理想的建都之地。到过二里头遗址的人，如果仅是参观了位于二里头村南的考古研究所二里头工作队驻地和宫殿区一带，也都认为它不过坐落于平展的洛阳平原之上而已。但如果你站在遗址南面的伊洛河故道内眺望紧临河道的遗址，是可以

二里头遗址的地貌　现在遗址南缘偏东临古河道处仍有高差在2—3米的断崖

王都气派——城市规划的先端　　71

用"仰望"来形容的。遗址范围内海拔 119 米左右，形成凸起的台地，以东南部和东部最高。遗址外围海拔 117—118 米。据了解，整个遗址中心区的高地在 20 世纪后半叶历年平整土地的过程中，至少被削掉 1 米以上，说明以前遗址的海拔应当更高。

前些年，我们在二里头遗址发掘时，曾听当地的村民讲：1982 年夏，伊、洛河流域大水，整个"夹河"地区全部被淹（据《偃师县志》记载，此次洪灾中伊、洛河出现特大洪峰，多处决堤，受灾严重），唯有二里头、圪当头、四角楼、北许四村间这片高地在水面之上。这片高地，正是考古工作者探明的二里头都邑所在地！经核实，当时的水位线在海拔 118 米左右，与我们确认的遗址现存边缘线基本吻合。这从一个侧面反映了二里头遗址微地貌的优越性，颇合于《管子》中"高毋近旱而水用足，下毋近水而沟防省"的择都原则。

二里头的今昔：聚落演变大势扫描

近年二里头遗址的考古勘查与发掘，使我们对遗址空间布局及其演变过程有了更多的了解。

最早出现于二里头的，是仰韶文化晚期和随后的中原龙山文化早期的几个小聚落，它们仅沿古伊洛河北岸零星分布。在龙山文化聚落废毁后数百年，才有新的人群即二里头文化的秉持者（也可以把他们称为二里头人），于公元前 1800 年前后来此安营扎寨。在被考古学家称为二里头一期的初期阶段，聚落面积就超过了 100 万平方米，似乎已发展成伊洛地区乃至更大区域的中心。如此迅速的人口集中只能解释为来自周边地区的人口迁徙。这一时期的出土遗物包括不少贵族用器，如白陶、象牙和绿松石制品，以及青铜工具，但由于晚期遗存对该期堆积的严重破坏，聚落的布局尚不清楚。

从第二期开始，聚落的面积已有 300 万平方米以上，宫殿区（约 12 万平方米）出现纵横交错的大路，兴建起了大型宫室建筑。宫殿

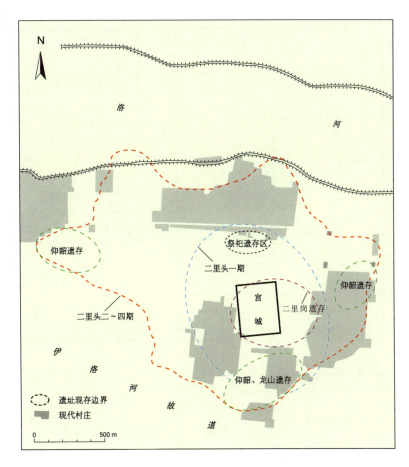

二里头遗址各期遗存分布范围示意

区以南有围垣手工业作坊区，铸铜作坊和绿松石器作坊可能都已开始生产贵族用奢侈品。这表明二里头都邑从二期开始进入全盛期，其城市规划的大的格局已基本完成。

至考古学家称之为第三期的二里头文化晚期，这处都邑持续兴盛，由宫殿区、铸铜作坊及围垣作坊区等构成的总体城市布局一仍其旧。同时，也有若干新的变化。首先，沿四条大路内侧修筑起了面积达10.8万平方米的宫城。其次，宫城内新建起了两组带有明确中轴线规划的大型宫殿建筑群。这一布局昭示了更为严整的宫室制度的形成。此外，铸铜作坊开始生产作为礼器的青铜容器。

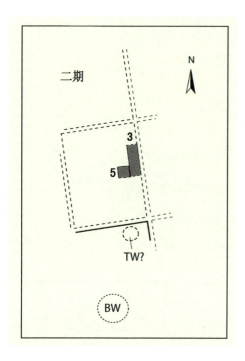
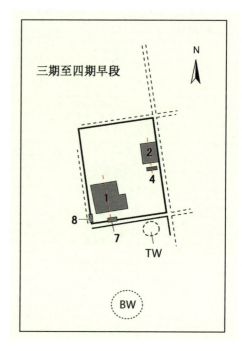
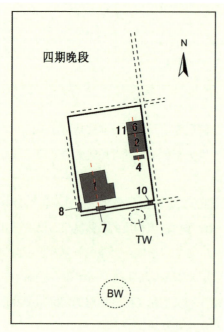

TW　绿松石器作坊
BW　铸铜作坊
1~11　大中型建筑基址
═══　道路
───　夯土墙
---　中轴线

二里头中心区布局的演变

叠压和打破

描述考古地层中堆积单位之间的累积关系。遗址中地层或遗迹的上层覆盖下层，即为叠压关系，一般年代早的地层或遗迹在下，晚的在上面。打破关系是一种堆积在形成过程中破坏了原有的堆积，被打破者早于打破者的年代。

所有建于第三期的宫室建筑与宫城、绿松石器作坊、铸铜作坊及其外的围垣设施，以及四条垂直相交的大路都沿用到了二里头文化第四期，而且这一时期还在兴建新的大型建筑物。出土于第四期墓葬中的铜礼器在数量、种类和质量上都超过了以往。

没有证据表明二里头都邑毁于火灾或战争，但具体的衰败原因与过程尚不得而知。这一庞大的中心城市最终在二里岗文化晚期沦为一般聚落，遗存仅见小型房址、灰坑、墓葬等，它们叠压或打破了二里头文化的宫室基址。此后，聚落彻底废毁。

据花粉分析的结果，作为都邑的二里头遗址的环境经历了由森林与湿地较多向干燥的草原变化的过程。这应当与伴随王都建设、人口激增而带来的人为的环境破坏有一定的关联。

至东汉时期，这里是京郊的墓地（当时的都城在二里头遗址以西的汉魏洛阳城）与居住区，这一时期的文化堆积、墓葬和其他遗迹给二里头时期的

汉墓与"华夏第一王都"碑　二里头考古队门前的汉代坟丘，现仍残高10余米，当地村民称之为"大冢"，这是遗址内唯一的制高点。2005年，偃师市政府在冢旁建了广场，广场上立起了"华夏第一王都"碑

遗存造成了很大的破坏。现在耸立在二里头考古队门前的高大的坟丘，就是东汉时期的一座高级贵族墓，地下尚保存有陵园建筑的基础。二里头到圪当头村之间几个稍小的坟丘直到新中国成立后才被平毁而彻底消失。此后，这里成了周围几个村庄的耕地。

如前所述，遗址的中心区地势最高，在一般情况下，这里也应是后代村落选址的理想地点。但在二里岗文化时期之后，这里一直未有大的聚落叠压于二里头都邑之上，直至现代。目前遗址边缘地带的三四个村落的地势都较宫殿区低，20世纪80年代以前的二里头村和北许村都在遗址中心区所处高地的北侧，以东的圪当头村宁可填平低地也基本上未向宫殿区发展。圪当头村村民中流传着村西高地一带是神鬼的居处，不能侵入的说法。究其原因，应与这里在东汉一带成为大型墓地有关。后代村落因忌讳而避开了古代墓地，可能是二里头都邑得以较完整保存下来的主要原因。今天我们了解到了这些情况，不禁感叹二里头遗址能较完好地保存到今天，实属万幸。

人口高度集中的超大型都邑

已有学者对二里头遗址二里头文化繁盛时期的人口进行了估算。有的学者推测当时人口有6200户以上，总人数当在31000人以上；也有学者推测当时人口为22500—28000人；还有学者估算二里头时代人均占地面积为148平方米，可推算二里头遗址当时人口约20300人。[4]

古代人口问题极为复杂，每人所持推算标准也不尽相同，有待进一步探讨。但值得注意的是，上述学者以不同的方法对二里头遗址当时人口数所做推算，并无太大的差异。如是，则二里头都邑当时的人口至少应在20000人以上。

与此形成鲜明对比的是，据学者的研究成果，史前时期大型聚落的人口一般不超过5000人，与二里头同时期普通聚落的人口一般不超过1000人。人口如此高度集中于中心聚落（都邑）及近畿地区，

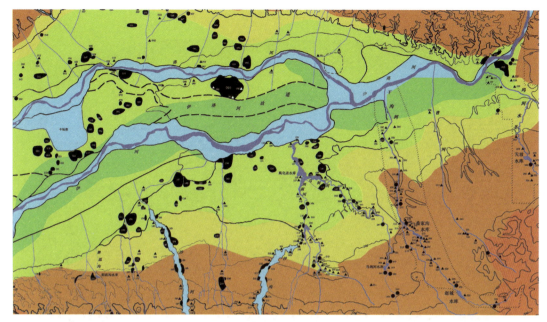

洛阳盆地二里头时代的聚落分布 从聚落形态的演变过程看，二里头遗址所在的洛阳盆地在史前时期一直属人口密集分布区，但仰韶文化和龙山文化时期最大遗址的面积仅60余万平方米，这与二里头遗址形成了鲜明的对比

在东亚地区尚属首见。人口的增长是社会复杂化与国家出现的重要契机，而人口集中的程度又从一个侧面反映出国家社会的成熟度。

都邑的复杂化与功能分区

我们可以根据已知的材料粗略地勾画出二里头都邑的布局和总体结构。

整个遗址可以分为中心区和一般居住活动区两大部分。

中心区由宫殿区、围垣作坊区、祭祀活动区和若干贵族聚居区组成。

宫殿区的面积不小于12万平方米，其外围有垂直相交的大道，晚期筑有宫城。大型宫殿建筑基址仅见于这一区域。

贵族聚居区位于宫城周围。中小型夯土建筑基址和贵族墓葬主要发现于这些区域。其中宫城东北和宫城以北，是贵族墓葬最为集中的两个区域。这一带还曾发现与制作骨器的作坊有关的遗存。

绿松石器制造作坊和铸铜作坊都位于宫殿区以南。目前已发现了

可能把它们圈围起来的夯土墙。这一有围墙圈护的作坊区应是二里头都邑的官营手工业区。

祭祀活动区位于宫殿区以北和西北一带。这里集中分布着一些可能与宗教祭祀有关的建筑、墓葬和其他遗迹。就目前已经掌握的情况看，其东西连绵 300 余米。

一般居住活动区常见小型地面式和半地穴式房基以及随葬品以陶器为主的小型墓葬。

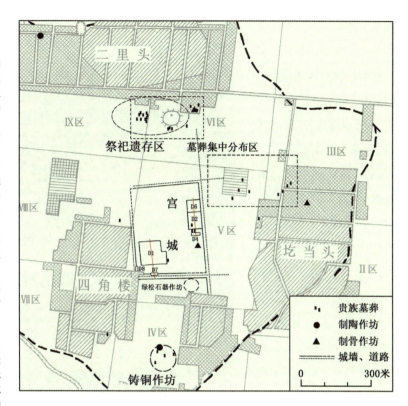

1 二里头遗址数字高程图像（刘建国制作） 从地形地势上看，遗址略呈西北—东南向，地势由西北向东南逐渐抬升，以中部至东南部隆起的高地位置最为优越。聚落的中心区就位于中部至东南部的微高地上，一般居住活动区则位于地势偏低的遗址西部和北部区域

2 二里头中心区重要遗存的分布 宫殿区居中，祭祀区在其北，官营手工业作坊区在其南，三个最重要的功能区南北一线排开，形成纵贯都邑中心区的一条大中轴线，显现出了宏大的规模和庄重的气势

中心区的路网系统

无论古今中外，道路都是城市的"骨架"和动脉，且常常具有区划的功能。鉴于此，考古学家往往以道路为切入点来探究古代城市遗址的布局框架。在对二里头都邑布局的探索中，我们也深切地意识到中心区主干道的意义，因此对主干道的探寻就成为田野工作的重中之重。

新世纪以来，我们通过勘探发掘，在位于中心区的宫殿区的外围，找到了纵横交错的二里头都邑的主干道网。已发现的四条大路垂直相交，宽阔整洁。其走向与1、2号宫殿基址围墙的方向基本一致，东西向者约东偏北6度，南北向者约南偏东6度。这种方向定位在二里头都邑具有高度的一致性，发掘的同仁们将其概括为"二里头方向"。

王都气派——城市规划的先端

四条大路略呈井字形，显现出方正规矩的布局。保存最好的宫殿区东侧大路当时已知长度近700米，近年配合遗址公园的建设，已确认其长度逾千米。大路一般宽10余米，最宽处达20米。参加工作的同仁戏称其已达到现代公路四车道的标准。由发掘可知，这几条大道的使用时间均较长，由二里头文化早期沿用至最晚期。这一道路网既是交通孔道，又起着分割城市功能区的作用。如宫殿区与其南侧的官营作坊区即以东西向大路相隔。

这是迄今所知我国最早的城市道路网，它的布局与方位观念显现了二里头都邑极强的规划性，这是作为权力中心的"政治性城市"的显著特征。

二里头中心区道路的发掘
（上）发掘场景
（下）路面经长期踩踏，像千层饼一样

大"十字路口"的发现

二里头都邑中心区路网的发现，说起来是一件饶有兴味的事。

大家都知道，考古学家最主要的工作是发掘。发掘又分为两种：一种是野外工作中对古代遗存的直接发掘；一种则是在前人已有的成果中进行再"发掘",发现那些对今后的工作有益的线索。宫殿区的大路就是我们在二里头工作队以往的勘查记录中"发掘"出来的。

根据勘探记录,我队在20世纪70年代勘探发现2号宫殿基址的同时,就在其东侧探明了一条南北向大路,当时已追探出200余米,因麦田浇水而中止。20余年后,我在已经发黄的记录和图纸中找到这一线索时,兴奋之情难以抑制,预感到这条大路是揭开二里头都邑宫殿区布局的一把钥匙。

新世纪之初,我们循此线索继续追探,短短的几天里不断向南北推进,最终确认这条大路的长度接近700米,路的北端被晚期堆积打断,向南伸进村庄。这一纵贯遗址中心区的大路给宫殿区布局的探索带来了曙光。在我们钻探的过程中,有老乡告知他家的地里小麦长得不好。根据田野考古的常识,这最有可能是因为地下有质地致密的夯土建筑基址,导致土壤结构异常所致。钻探结果又令我们大喜过望。阻碍地下水下渗的遗迹不是夯土建筑,而是坚实的路土,顺藤摸瓜地

二里头考古队的队员们(摄于2003年5月,"非典"最盛期)伴随突发事件的复杂心灵感受与面临突破性发现的兴奋心情交织在一起,构成了2003年春我和我的队友们的心路历程。我们甚至要感谢"非典",当时中国农村的"严防死守"让我们减掉了许多惯常的应酬,可以更专心于扩大我们的战果

王都气派——城市规划的先端 81

抬梯子准备照相的民工正行进在3000多年前宫殿区的大路上

追探,居然是一条东西向的大路,向东延伸,与宫殿区东侧的南北向大路垂直交叉,主干道的"十字路口"找到了!最后,确认这条位于宫殿区北侧的大路长度达300余米。

这两条大路把早年发掘的1、2号两座大型宫殿基址,以及钻探发现的几处规模较大的夯土建筑都围于其内,显然具有区划的作用。此后,我们乘胜追击,把探索宫殿区南侧大路的目光移到了1号宫殿基址以南,又找到了围绕宫殿区的第三条大路,以及宫殿区东南部的大"十字路口"。最后,在1号宫殿基址西墙外,确认了宫殿区西侧大路的存在。

至此,二里头都邑中心区纵横交错的井字形道路网重见天日。同时,它的初步探明也为进一步探寻宫殿区的防御设施提供了重要的线索。

前所未有的城市规划

二里头都邑的中心区分布着宫城和大型宫室建筑群,其外围有主干道网连接交通,同时分割出不同的功能区。制造贵族奢侈品的官营手工业作坊区位于宫殿区的近旁,祭祀区、贵族聚居区都拱卫在其周围。这些无不显示出王都所特有的气派。由上述发现可知,二里头遗址是一处经缜密规划、布局严整的大型都邑。

已有的研究表明,作为权力中心的中国早期都城属于政治性城市,可以没有城墙,但绝不能没有规划性。规划性是中国古代城市的一个重要特征。二里头遗址在华夏早期文明形成过程中承前启后,二里头都邑规划性的判明,对于探索中国文明的源流具有重要的标尺性意义。就目前的认识而言,延续了三千多年的中国古代王朝都城的营建规制,是发端于二里头遗址的。

因此可以说,二里头遗址是迄今可以确认的最早的具有明确规划的都邑,后世中国古代都城的营建规制与其一脉相承。从这个意义上讲,二里头都邑的布局开中国古代都城规划制度的先河。

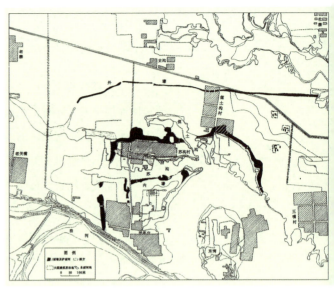
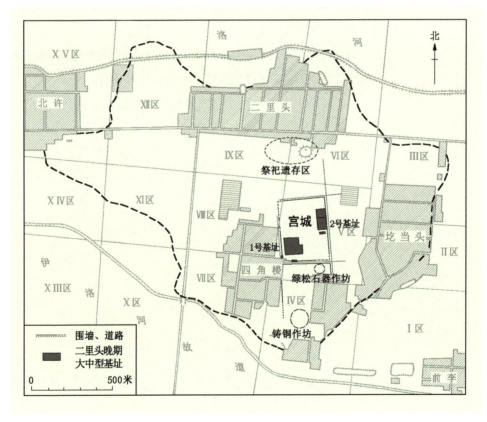

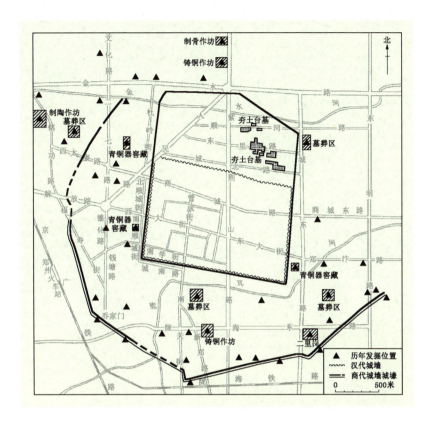

1 2 | 4
3 | 5

1 陶寺遗址
2 新砦遗址
3 二里头遗址
4 郑州商城
5 偃师商城

二里头与早期中心聚落（都邑）布局的比较

如果我们把视野再移向二里头时代以前，可知即便像山西襄汾陶寺、河南新密新砦遗址这样的超大型聚落，其城垣的建造无不因地制宜，不求方正。迄今尚未发现集中而排列有序的大型夯土基址群及环绕它们的规矩方正的宫城。

相比之下，二里头都邑的聚落形态与陶寺、新砦等超大型聚落间有着飞跃性的变化，而与稍后的郑州商城、偃师商城及后世中国古代都城的面貌更为接近

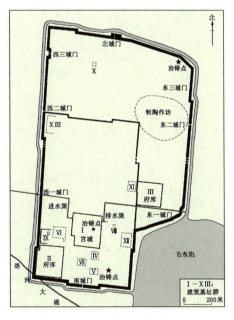

建中立极

宫廷礼制的形成

中国最早的"紫禁城"

我们在新世纪之初对二里头都邑的进一步探索中,确认了二里头遗址宫城城墙的存在。至此,一座总面积近 11 万平方米的宫城重见天日,这是迄今所知中国古代都城中最早的宫城遗存。这一重要发现因而被评为 2004 年度"中国十大考古新发现"之一。

宫城围墙系用夯土版筑而成。宫城东北角保存完好,东、北城墙呈直角相交。宫城东墙上已发现门道 2 处。跨建于宫城南墙上的 7 号建筑可能是宫城正门的门塾遗迹。宫城始建于二里头文化早晚期之交,一直沿用至二里头文化最末期。

此前可确认的我国最早的宫城或类似的遗迹,见于二里头遗址以东约 6 公里的偃师商城遗址,面积约 4 万平方米。二里头遗址宫城,则较其又提早了一个阶段。这座始建于距今约 3600 年以前的宫城方正规整,方向接近磁北,形制布局与后世宫城最为接近,它和它所圈围起的大型宫室建筑,构成整个都邑的核心。

著名汉学家、德国学者雷德侯教授指出,中国都城绝对理性的平面布局,与古罗马城在七座山头上延展的平面形成强烈的对比。即使在今天,来到北京的游客无论身处城中何地,总能辨明方位,分清南北,因而不难领会都城规划者的意图,那便是使生活显得稳定有序。[1] 而就目前所知,这种理念是奠基于二里头都邑的。

具有"中国特色"的版筑工艺 在夹板中填入泥土夯实的建筑方法,颇具中国特色,现在北方农村仍在使用
(上)版筑工艺示意
(下)当地村民正在用版筑的方法建造夯土墙

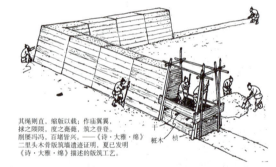

其绳则直,缩版以载;作庙翼翼,捄之陾陾,度之薨薨,筑之登登,削屡冯冯,百堵皆兴。——《诗·大雅·绵》
二里头木骨版筑墙遗迹证明,夏已发明《诗·大雅·绵》描述的版筑工艺。

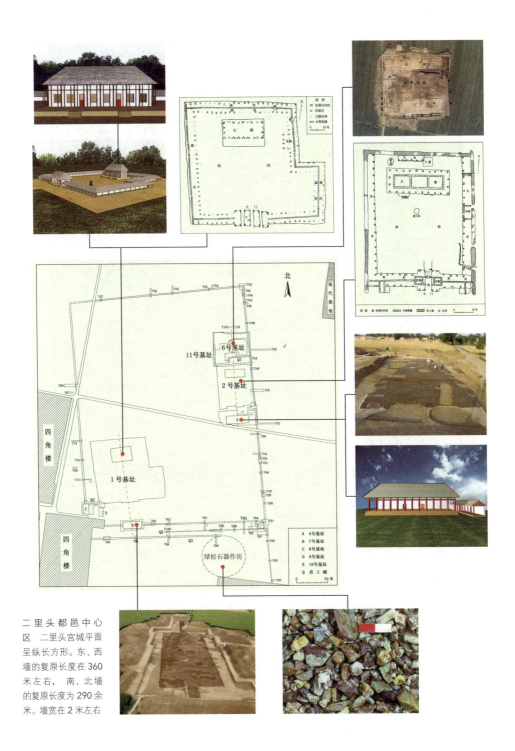

二里头都邑中心区 二里头宫城平面呈纵长方形。东、西墙的复原长度在360米左右，南、北墙的复原长度为290余米。墙宽在2米左右

建中立极——宫廷礼制的形成

明清紫禁城 虽然二里头宫城的面积仅是明清紫禁城的七分之一左右（紫禁城的面积为 72 万余平方米），它却是后世中国古代宫城的鼻祖

"想"出来的宫城

统观中国早期都邑的考古学资料，可以得出这样的结论：具有权力中心功能的早期都邑，其外围城垣的有无取决于多种因素，自二里头始，殷墟、周原、丰镐、洛邑和秦咸阳、西汉长安城和东汉洛阳城遗址都没有发现外郭城，是谓"大都无城"。[2] 但作为统治中枢、王室禁地的宫殿区却不应是开放的，一般都拥有防御设施，形成封闭的空间。在二里头遗址的考古工作中，我们也相信其宫殿区外围应该有防御设施。正是在这样的信念和工作思路下，通过对已掌握的遗迹线索的综合分析和勘查发掘，我们最终发现了中国最早的宫城。

著名的二里头1、2号基址，是20世纪六七十年代发掘的两座大型宫殿基址。通过分析，我们认为位于宫殿区东部的2号宫殿一带最有可能搞清防御设施的有无。勘探结果表明，2号宫殿东墙外侧紧临大路，大路以外只见有中小型建筑基址，因此可以肯定2号东墙及其外的大路即是宫殿区的东部边界。而二者之间已不可能有墙、壕之类防御设施存在。鉴于此，我当时做出了这样的推测：如果宫殿区围以垣墙，那么早已发现的2号宫殿基址的东墙有可能就是宫城城墙。

在二里头遗址这样持续兴盛数百年且遭后世严重破坏的大遗址上，用洛阳铲进行的钻孔勘探仅能提供些微线索，而无法摸清地下遗存的详细情况。验证上述推断最简单的方法是，先揭开2号基址东北角，看看2米宽的宫殿东墙夯土是否继续向北延伸。

2003年春季，正当肆虐全国的"非典"来临之际，发掘工作按这一思路开始实施。当在新揭露的探方中，与2号宫殿东墙完全一致的条状夯土果真像上述推想的那样向北笔直地延伸时，你可以想见一个考古工作者的暗喜。为什么只能暗喜呢？因为还不能排除它是2号基址以北又一处院落的围墙。那就要看它在2号宫殿东南角以外是否也向南延伸。于是我又安排揭开2号基址东南角及其以南区域。当确认同样是2米宽的夯土墙继续向南延伸的时候，欣喜之情才溢于言表。

二里头宫城城墙 到了2003年春夏之交,这道夯土墙可确认的长度已近300米,可以肯定属宫城城垣无疑

(左)揭露出的宫城东北角
(右)由2号基址北伸的宫城东墙

于是,我们又乘胜追击,向北向南分头追探,并开探沟解剖加以确认,一举发现了保存完好的宫城东北角。至此,这座中国最早的宫城被揭露出来。

由是想起早年苏秉琦教授在一次讲座中谈到的一句话,我记得苏先生话的大意是:在考古工作中,你只有想到了什么,才能遇到什么。这让当时还是学生的我百思不得其解,觉得这好像有点"唯心",在以实证为特征的考古学研究中尤其讲不通。在经历了多年的考古实践后,我逐渐意识到了这句话的分量和真谛之所在。机遇属于有准备者。从这个意义上讲,二里头宫城,不是我们幸运地碰上的,而是通过学术设计"想"出来并且验证到的。

中轴线规划的宫室建筑群

到目前为止,我们已探明二里头遗址宫殿区内存在着数十座大中型夯土建筑基址。其中,在晚期宫城内已确认了两组大型建筑基址群,它们分别以1、2号大型宫殿基址为核心纵向分布,都有明确的中轴线。这里,我们不妨把它们称为西路建筑群和东路建筑群。坐落于宫城西南部的1号宫殿基址,与位于其南大门正前方的7号建筑(可能为宫

陕西岐山凤雏西周甲组建筑基址复原[3]

中国古代宫室建筑，在数千年的发展过程中，形成了一系列因地制宜、具有自身特色的建筑风格。如土木建筑、封闭式结构、坐北朝南、中轴对称等要素。其中，中轴线规划，是王权至上的政治性城市"建中立极"思想的最明确体现

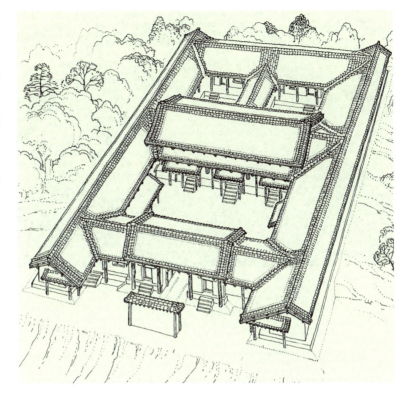

城正门门塾），共享同一中轴线，构成宫城西路建筑群。坐落于宫城东部的 2 号宫殿基址，与位于其南大门正前方的 4 号基址，以及增筑于二里头文化末期、位于其北的 6 号基址，构成宫城东路建筑群。这两组南北有序排列的宫室建筑群的绵延长度都近 200 米。

　　这是迄今所知中国最早的中轴线规划的大型宫室建筑群。《吕氏春秋·慎势》中有古代国家"择天下之中而立国，择国之中而立宫，择宫之中而立庙"的说法。看来，这一理念，伴随着最早的"中国"王朝的崛起，在二里头时代已经出现。中国古代宫室建筑发展到明清紫禁城达到了极致，而其源头则一直可上推到二里头的大型宫殿建筑群。

4号基址发掘现场

中庭可容万人的朝堂建筑

在已发掘的10余座大中型建筑中,1号宫殿基址是面积最大的一座。它是宫城西路建筑群的核心建筑,使用时间基本和宫城相始终,也是二里头文化晚期。

这是一座建立于大型夯土台基之上的复合建筑。建筑由主体殿堂、四围廊庑和围墙、宽阔的庭院和正门门塾等单元组成,规模宏大,结构复杂,布局谨严,主次分明。

如果你对1万平方米这个数据没有一个形象的概念,那么可以把它和一个足球场的面积比较一下。国际标准足球场的长度是105米,宽度为68米,总面积才7140平方米!当中国历史上史无前例的、如此大体量的建筑凸现于东亚大陆的地平线上,它的出现背景和象征意义,是可以想见的。

1号宫殿基址主体殿堂位于台基北部正中,凸出于台基面之上,基座东西长36米,南北宽25米,面积900平方米。殿堂坐北朝南,这是中国古代建筑最惯常的格局。它应当出于实际功用和象征意义两

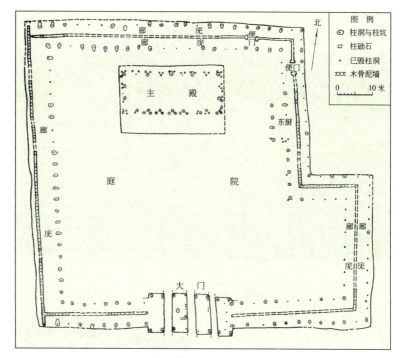

1号宫殿基址

台基平面略呈正方形，仅东北部向内凹进一角。整个台基东西长107米，南北宽约99米，面积约1万平方米。发掘时台基仍高出周围地面将近1米

方面的原因。这样可以使建筑物最大限度地暴露在北半球明亮、温暖的阳光下。统治者面朝南方接受臣民的觐见，正符合孔子把有道之君比作北极星的政治理念（《论语·为政》："为政以德，譬如北辰，居其所而众星共之"）。

主殿南距大门约70米，堂前是平整宽阔的庭院，面积约5000平方米，可以容纳数千人甚至上万人。[4] 从院内向矗立在高高的台基上的主殿望去，想必会生发出一种敬畏的感觉。这样的设计，让人想到萧何为汉高祖刘邦建造未央宫时的思路，其理念是"天子四海为家，非壮丽无以重威，且无令后世有以加也"（《史记·高祖本纪》）。

1号宫殿正门在南庑的中部，对应主体殿堂。门址上残存的建筑遗迹有柱础和墙基，纵贯建筑有3条门道，宽2.5—3米，门道上发现有安门的遗迹。门道外的路面向南倾斜延伸。3条门道将宫门建筑分为4部分，每部分各应有房间，古代称"塾"，即现在所谓之"门房"。

建中立极——宫廷礼制的形成　95

宫殿外围是廊庑与围墙。其中北、东、南三面廊庑都有内、外廊，中间以木骨墙相隔，墙内外各有成排的廊柱，形成宽约3米的廊道。西庑则只有内廊而无外廊，廊道宽约6米。廊柱间距均为3米余。四周廊庑都可复原为两面坡的带顶回廊。

1号宫殿院内发现有若干埋葬着人牲和兽牲的祭祀坑。其中位于主殿后面的一个祭祀坑最为令人瞩目，坑的周围埋葬3人，死者或肢骨脱位，或下肢做折跪状，或俯身似被捆绑状。主殿西侧和东南也各埋有1人，上肢被捆绑或被斩掉手足。这些应都是祭祀时的人牲遗骸。

一般认为，1号宫殿应是统治者进行祭祀活动、发布政令的礼仪性建筑，但究竟属宗庙还是"朝堂"，抑或别的重要建筑，则众说纷纭。用主殿、门塾和廊庑构成一个封闭的四合院，主体殿堂坐北朝南，前临广庭的格局，为此后中国历代宫室建筑所承

1号宫殿基址及其主殿复原[5] 依照主殿上残存的立柱遗迹，有的学者将殿堂复原为面阔8间、进深3间、周围有回廊的木构建筑；也有学者认为应是有四围墙壁而无堂室分隔的敞亮殿堂。至于屋顶，一般认为可能为四面坡式。这是一座体量庞大、巍峨壮观的高台建筑。面阔8间的偶数开间数，表明它的前门也应为偶数，最可能是两座

1号宫殿基址正门复原

专家推测1号宫殿的正门应是一座高大的、带有门塾的穿堂式大门。"一门三道"的格局,奠定了后世宫门乃至其他重要门塾建筑的基本规制,直至清代晚期

继。其建筑规制在中国文明史和中国建筑史上都具有划时代的意义。

规模浩大的"凝聚力工程"

整个1号宫殿台基夯筑质量极佳,用工量巨大。其建造程序是:先整治地基,挖掉台基下面的灰土和虚土,直至原生土,等于是挖了一个1万多平方米的大坑,有的地方深3米以上;然后将所有低洼地块用成捆的木棍逐层(每层仅厚5—8厘米)填土夯实,平整地面;最后夯筑出高出地面的台基。

有学者推测,面积达1万平方米的1号宫殿基址,其夯土的土方总量达2万立方米以上。仅就夯筑这一项计算,如果每人每天夯筑0.1立方米的话,需要20万个劳动日。也就是说,如果每天安排1000个劳力,也要200天才能完成。它的建筑工程应包括从设计、测量到下挖基槽、取土、运土、人工夯筑、垫石、筑墙到盖房等多种工序,再加上管理和后勤保障等多个环节,其所需劳动日当以数十万乃至百万计。[6] 这标志着资源集中、人力控制和行政组织的复杂化,是构成国家的重要条件。

　　1号宫殿的基础处理工程规模如此浩大、如此注重建筑质量，令人叹为观止。那么，如从建筑力学的角度考虑，花费这样的功夫，是否有其实际的需要呢？我曾就此问题请教一位建筑考古学家，他的回答是：1号宫殿的主体殿堂不过是"茅茨土阶"，用句通俗点的话讲就是几间木骨泥墙加茅草顶的大屋，大部分是露天的庭院，如果仅为保证建筑的稳固，是完全没有必要花费如此气力来处理地基的。这样一个兴师动众的大工程居然没有实际上的必要性，那么，它背后的社会政治和宗教机制就是颇为发人深省的问题。用现在的话说，它应当是一个国家级的"形象工程"和"凝聚力工程"。

1号宫殿基址的基础结构

现存台基夯土厚1—4米。主殿台基基座底部还特意铺垫有三层鹅卵石，用以加固基础

宏伟的宫城南大门

　　前已述及，在1号宫殿和2号宫殿南大门的正前方，各有一座同时期的建筑，组成两组拥有共同中轴线的建筑群。

　　其中7号基址位于宫城南墙之上，恰好坐落于1号宫殿正前方，二者相距30余米。它与1号宫殿的主殿、南大门共享同一中轴线，构成宫城西路建筑群。有的学者推测它应是宫城南门的门塾遗迹，而且最有可能是宫城正门，[7] 相当于明清紫禁城的午门。

东路建筑群：宗庙与祭祖场所？

　　东路建筑群的核心建筑2号宫殿，位于宫城东部偏北，它依托宫城东墙而建。使用时间与宫城和1号宫殿大体同时。

98　　最早的中国

建于宫城南墙上的 7 号基址

可能是宫城南大门的 7 号基址长 31 米余，宽 11 米左右，面积约 340 平方米。上部已遭严重破坏，仅残存基础槽的底部。依据地下基础部分的残迹，可推断其单排柱础数应为 8 个，柱础间距约 4 米，其上的建筑应是面阔 7 间。可以想见，这也是一座相当宏伟的建筑

主体殿堂位于 2 号宫殿庭院的北部正中，殿堂基址东西长约 33 米，南北宽约 13 米，较当时庭院地面略高。其上残留有木骨墙和廊柱柱础遗迹，可复原为面阔 3 间、四周有回廊的木构建筑。殿堂前有上下出入用的台阶或坡道。殿旁有两个较大的烧土坑，可能与"燎祭"（用火烧燎牺牲、贡品的祭祀行为）或"庭燎"（燃柴照明）有关。主殿前庭院的面积近 2000 平方米。

庭院内发现有两处地下排水设施。一处位于庭院东北部，由 11 节陶水管连接而成，安装在预先挖好的沟槽内。另一处位于庭院的东南部，是一条用石板砌成的地下排水沟。

宫殿正门在南庑偏东处。根据其遗迹现象可复原为面阔 3 间、带有回廊、四坡屋顶的门塾建筑。门道从中间穿堂而过，发现有用于安门的柱坑和柱础石。两侧的房间大概是门卫的值班室。

东、西墙内均有成排的廊柱，形成面向庭院的内廊。南庑则由中间木骨墙及内、外廊组成，可复原为中间起脊的两面坡式的屋顶。廊道宽 3 米左右。

建中立极——宫廷礼制的形成

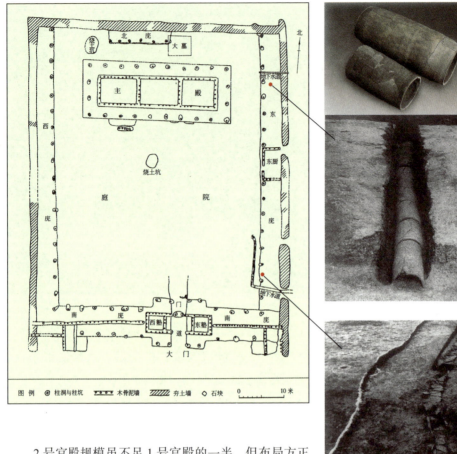

2号宫殿规模虽不足1号宫殿的一半,但布局方正规整,注重对称,功能上或与1号宫殿有所不同,学者一般认为它应属宗庙建筑。[8] 它与1号宫殿同为二里头都邑宫室建筑的典型代表。

4号基址位于宫城东部、2号宫殿正前方。该基址可复原为一座由主殿、东西庑及庭院组成,宽逾50米的大型建筑。主殿建在夯土台基上面,东西长36米余,南北宽12.6—13.1米,面积达460多平方米。台基南北两侧边缘各发现一排共13个柱础,基本上南北对应。其中南排为单柱,北排为双柱,后者可能是夯土木骨墙的墙柱。

100　最早的中国

1	2	4
3	5	6

1 2号宫殿基址和排水设施 该建筑平面呈纵长方形,南北长约73米,东西宽约58米,面积逾4000平方米。整个建筑也是由主体殿堂、廊庑和围墙、门塾以及庭院组成

2 陶排水管道

3 石板砌排水沟

4 4号基址的发掘 主体殿堂

5 主殿夯土解剖 解剖是考古人了解遗迹的年代和结构的重要手段

6 主殿上成对的立柱及柱础石

在台基北侧中部还发现有向北倾斜的土筑踏步遗迹。东庑建于主殿台基和宫城东墙之间。已知长度20余米,仍向南延伸。已发现呈曲尺状的木骨墙墙槽和其内的若干柱础,可复原为北面和东面筑墙、带有内廊的有顶建筑。[9]

4号基址,有学者认为可能是专门举行某些特殊祭祖典礼的场所。

我们又在2号宫殿以北,发现了布局上与其有密切关系的另一座大型庭院式建筑——6号基址。这座建筑由北殿,西庑和东、南围墙及庭院组成。它增建于二里头文化末期。与2号宫殿一样,它也是依

建中立极——宫廷礼制的形成

（上）4号基址复原效果[10]　有学者将4号基址主殿复原为一座只有北墙、四面坡屋顶的大型敞亮厅堂

（下）6号基址发掘现场俯瞰　整个基址略呈横长方形，东西长50余米，南北宽40、50米不等，总面积2500多平方米

托宫城东墙建成的。

　　6号基址与2号基址东西跨度相近，方向相同，二者西庑柱础成南北一线，同属东路建筑群。但它的结构不具有中轴对称的特征，是二里头遗址宫室建筑的又一类型。

宫室建筑的"营造法式"

当我们比较上述5个大的夯土建筑台基即1号基址主殿和南门，2、4号基址主殿，以及7号基址的尺寸，就会发现它们有大体相近的长宽比例，柱子的间距也都在3—4米。这是否暗示着当时的宫室建筑工程，已经有了类似于宋代《营造法式》（中国现存时代最早、内容最丰富的建筑学著作）中所描述的、明确的营造规制呢？答案应当是肯定的。

二里头文化晚期大型建筑基本数据比较

建筑编号	长×宽（米）	面积（平方米）	单排柱础数
1号基址主殿	30.4×11.4	约360	9
1号基址南门	28×13	364	8
7号基址（宫城南门？）	31.5×(10.5—11)	约340	8（？）
2号基址主殿	(32.6—32.75)×(12.4—12.75)	约400	10
4号基址主殿	36.4×(12.6—13.1)	460余	13

其中，4号基址主殿台基的面积和柱础数均大于或多于其他建筑，建筑气势恢宏，暗示着该建筑的重要性。

早期宫室：最早的多重院落建筑

上面我们介绍的，都是和宫城大体同时、兴建于二里头文化晚期的宫室建筑。那么，它们是二里头遗址最早的宫室建筑吗？不是的。早在20世纪70年代2号宫殿基址的发掘中，就发现了压在它下面更早的大面积夯土遗存。我们循着这一线索又加以勘查，确认了二里头文化早期大型宫室建筑群的存在。

现已查明，在宫殿区东中部，宫城城墙兴建之前的二里头文化早期，就已存在大规模的建筑群。其中3号基址长150米以上，宽50米左右，该宫殿至少由3进院落组成，已发掘的各庭院的西庑经统一

1 | 2

1 5号基址发掘现场俯瞰 二里头文化早期大型宫室建筑群建筑结构的复杂程度甚至超过晚期，这些发现大大地冲击着我们既有的认识

2 3号基址中院主殿 中院主殿台基宽6米余，其上发现有连间房屋和前廊遗迹

规划。中院和南院内发现有成组的贵族墓和石砌渗水井等遗迹。

贵族墓呈东西向成排分布。墓室均为南北向竖穴，多数铺撒朱砂（一种红色矿物质，一般认为应与宗教信仰有关，同时也是身份等级的标志物），使用木棺，出有铜器、玉器、漆器、白陶器、原始瓷器、绿松石器、陶器和成组蚌饰、海贝等。成组高规格贵族墓埋葬于宫殿院内的现象，对探明这一建筑的性质和二里头文化的葬俗具有重要的意义。

在3号基址以西，还有一座二里头文化早期的大型建筑——5号基址。整个建筑建于夯土台基上，最上层夯土面积逾2700平方米，基坑中夯土最厚达3.8米。台基上发现有4组东西向的多室排房，由北向南大致呈等距平行排列，间距9—10米，形成并不封闭的四进"院落"。院落内也发现了若干同时期的贵族墓。[11]

3号和5号基址之间以宽约3米的通道相隔，东西并列。通道的

随葬绿松石龙的贵族墓 这座出土著名的大型绿松石龙形器的墓,是最接近3号基址中轴线的一座,墓主人应属高级贵族

大型建筑间的木结构排水暗渠 暗渠内的木质立柱和盖板均已腐朽成灰,但痕迹仍清晰可辨

路土下发现有长逾百米的木结构排水暗渠。

3号基址被2、4号基址所叠压,不能全面揭露发掘,5号基址也受后期破坏严重,因而难以知其全貌。它们早于二里头文化晚期的1、2号宫殿,但结构却相对复杂,这是迄今为止可确认的中国最早的多重院落的大型建筑,开后世多重院落宫室建筑的先河。

二里头都邑早、晚期宫室建筑的格局,从一体化的多重院落布局,演变为以大"四合院"建筑为中心的复数单体建筑中轴纵向排列,其背后的动因,令人瞩目。

"朝廷"与"礼制"的形成

如前所述,带有明确中轴线的建筑群格局,以及大型宫室建筑的规模和结构,都显现出王都中枢所特有的气势。宫室建筑上巨大的用工量,昭示着政治和宗教权力的高度集中。

在古代中国,"祭""政"不分,或者可以说是祭政一体、政教合一。这样的王权体制在古代东亚是长期存在的。它的规范就是"礼"。"礼"本来写作"禮",表示用"醴(酒)"来举行仪式。依《周礼·大宗伯》的记载,礼仪分为吉(与祭祀有关之礼)、凶(与丧葬有关的礼)、宾(与王和贵族会面有关的礼)、军(与军旅有关的礼)、嘉(与婚冠、宴会等有关的礼)五种。礼是各个族团以血缘秩序为基础,为了保护自身权益而整合出的社会规范。这种礼当然不会把庶民包括在内，也就是说，礼与贵族的社会生活相关联，用礼来建立并维系贵族社会的秩序。

举行这种礼仪的场所就是宫室。前已述及，关于二里头遗址大型宫室建筑的性质问题，众说不一。中国古代的宫室，由王侯贵族等日常生活的居室、从事政务和礼仪的宫殿，以及祭祀祖先的宗庙三部分组成。但由于没有当时的文字材料出土，它们是否存在具体的功能或空间的明确划分，其布局结构的发达程度如何，目前还无法搞清楚。古代中国人的观念是"事死如事生"，祖先亡灵所处宗庙与在世王者所处宫殿的建筑规制在早期可能是完全一致的。文献资料与考古材料表明，先秦时期的宫室建筑基本上是宫庙一体、以庙为主的。宫室之前殿、朝堂也称为庙，"庙""宫"通用之例屡见于先秦文献。后世以"庙堂""廊庙"指代王臣议政的朝廷，也是宫庙一体这一先秦古制的遗痕。这时的宗庙不仅是祭祀祖先的场所，而且也是举行各种重大礼仪活动的场所。[12] 无论如何，二里头都邑大型宫室建筑具有至高无上的国家政权的象征意义，是君王召集下属处理各种政务、举行各种宫廷礼仪的"朝廷"之所在。

由考古发现与礼书记载的相似性，可知西周

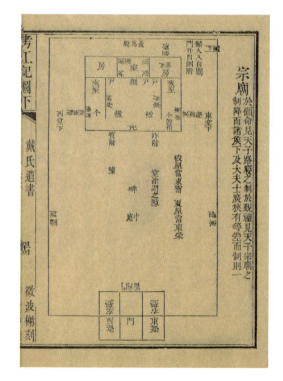

先秦礼书所见宗庙示意[13]　二里头1、2号宫殿由正殿、中庭和门等组合而成，其布局结构，与西周时代青铜器铭文和《尚书·顾命》《仪礼·觐礼》所提及的建筑结构基本一致

时代成熟的礼仪制度应即起源于此。而这套在象征君王无上权威的雄伟的宫殿中，定期召集臣下以强化从属关系的仪式，一直延续到了20世纪初叶，正如我们在充斥于荧屏的清宫戏中所看到的那样。

要之，中国传统的宫廷礼仪，最早是显现于二里头的宫室建筑和礼仪用器的，它的出现昭示着中国王朝的开端。作为维护社会秩序之规范的"礼制"，萌芽于龙山时代，肇始于二里头时代，在其后的商周时代得到整备，战国至西汉时期又作为儒家经典而被集成于礼书。随着儒家思想成为"国教"，这套礼制也被历代王朝所继承。

国之大事

祭祀与战争

祭祀遗存区的发现

除了上述规模宏大的宗庙宫殿建筑外,在二里头宫殿区以北区域,还集中分布着一些可能与宗教祭祀有关的建筑和其他遗迹。这一祭祀遗存集中分布区与其南的宫殿区、官营作坊区南北一线排列,构成二里头都邑中心区最重要的内涵。

建筑遗迹主要包括高出地表的圆形建筑和低于地面的长方形建筑。其中,高出地表的圆形建筑基址,可能是古代文献中记载的祭祀设施"坛"。坛面和坛下有经踩踏形成的路土,坛的周围是平整干净的场地。低于地面的长方形建筑属于半地穴建筑,可能是古代文献中的祭祀设施"墠"(音禅)。这类建筑系在浅穴内铺垫层层净土,几乎每层垫土上都有因踩踏而形成的路土面,往往还有成片的烧土面。一般不见柱子的痕迹,应是没有屋顶的"场地"。[1]

在"坛"旁和"墠"内还经常发现有随葬铜、玉礼器的贵族墓。目前已知这类祭祀遗迹的分布范围东西连绵300余米。这一带也是贵族墓分布最为集中的区域之一。

此外,在二里头宫殿区的东北部,还发现了一处面积达2200平方米的巨型坑。该坑一般深度超过4米,形成时间不晚于二里头文化第二期,最初或为解决大型建筑用土的取土坑,后又在其内进行过祭祀、居住等活动,以后逐渐淤积、填充,到二里头文化第四期基本填满。二里头文化第二期遗存是坑内的主要堆积,在面积极为有限的解剖沟

祭祀遗存区发掘现场与"祭坛" 坛的上面布列着一圈或两圈圆形"土墩"(在坛体上挖出圆坑,填充不同于坛体颜色的土)

中，即发现了属于此期的多处以幼猪为祭品的祭祀遗迹，幼猪摆放整齐集中，姿势一致。巨型坑外围近旁铺垫料姜石块，也显现了一定的特殊性，应是宫殿区内一处曾用于祭祀的场所。[2]

礼器：中国青铜时代的徽标

19 世纪，丹麦学者汤姆森根据历史上各阶段以生产工具为主的遗物材质，将古代史分为三个大的时代，即石器时代、青铜时代和铁器时代。这一著名的时代划分法至今仍为学界所普遍采用。其后，英国学者约翰·卢伯克将石器时代细分为旧石器时代和新石器时代。也有学者认为在某些地区，从石器时代向青铜时代转化的过程中，还存在着"铜石并用"的过渡阶段。[3]

北京大学严文明教授，主张仰韶时代后期至龙山时代，因已有零星的小件铜工具、装饰品等出现而可以称为中国的铜石并用时代。[4] 这一时代也正是东亚大陆多个区域迈向社会复杂化的时代。因这一阶段红铜、砷铜、青铜和黄铜制品并存，合金铸造技术原始，铜器尚未发挥较大的社会作用，大多尚不具有权力身份标志物的意义，所以一般认为还未达到进入青铜时代的程度。[5]

随着二里头文化在中原的崛起，这支唯一使用复杂的合范技术生产青铜容器（礼器）的先进文化，成为跃入中国青铜时代的第一匹黑马。值得注意的是，这些青铜礼器只随葬于二里头都邑社会上层的墓葬中，在这个金字塔式的等级社会中，青铜礼器的使用成为处于塔尖的统治阶层身份地位的标志。这些最新问世的祭祀与宫廷礼仪用青铜酒器、乐器，仪仗用青铜武器，以及传统的玉礼器，构成独具中国特色的青铜礼乐文明。它不同于以工具、武器和装饰品为主的其他青铜文明，显现了以礼制立国的中原王朝的特质。

作为统治阶层身份地位的象征，以酒器为中心的礼器群，成为中国最早的青铜礼器群。从这里，我们可以看出中国古代文明主要是建立在社会关系的巨变（在等级秩序下人际关系的大调整）而非人与自然关系巨变的基础上的。

从陶酒器到铜酒器

酒的麻醉致幻作用，使得世界上不少古代人群都把它当作通神的手段。在号称"礼仪之邦"的古代中国，酒文化源远流长，所谓"礼以酒成"，无酒不成礼。如前所述，"礼（禮）"字的本意就是以"醴（酒）"举行的仪式。古代的社交礼仪中一定要伴有饮酒礼，酒就像维持社会机器正常运转的润滑剂。所以有学者把肇始于龙山时代、兴盛于夏商时代的礼制概括为"酒礼"。

当时的酒是谷物发酵而制成的酿造酒，属黏稠的浊酒，可以加入香草提味，一般是加热后饮用。

有酒则必有酒器，酒器是酒文化乃至它背后的礼仪制度的重要载体。在二里头文化中，陶制酒器有温酒和注酒用的盉、鬶、爵，以及饮酒用的觚等。这些酒器当用于神圣的祭祀仪式，因此都是用经过淘洗的黏土精心制作而成，有些用少见的白陶或黑陶。它们很少出土于日常生活的场所，大多随葬于墓中。

各式陶酒器 在二里头文化中，陶制酒器有温酒和注酒的鬶、盉、爵以及饮酒用的觚等

与酒相关的陶器，还有可能用于酿酒和贮酒的大口尊。这是二里头文化所独创的代表性器种之一。器高大多超过30厘米，形体较大。

此后，大口尊又为二里岗文化所继承并进一步盛行。自二里头文化到二里岗文化时期，大口尊的口沿内侧常见有烧成后刻划的简单符号。这一时期的陶文主要见于大口尊。虽然把这些刻符都看作文字的观点有待探讨，但大口尊在制作或使用时被刻上符号这一现象本身，表明它应是一种受到重视的特殊的器物。

青铜酒器出现于二里头文化晚期，最先制作的是仿陶器的小型酒器爵，后来出现了温酒器斝和盉等。与身材瘦小的爵相比，盉、斝器高一般超过20厘米，容量较大，因而还应有盛放储存的功能。这批最早的青铜容器数量极少，只有一部分高级贵族能够使用。除了王公

大口尊，以及甲骨文、金文中与"尊"相关的象形字 "酒"字去掉"氵"后的"酉"字，在甲骨文中就是以大口尊为原型的象形字。"尊"字是以两手捧着大口尊的形象，而"尊"与"奠"通用，表示的是祭祀时献上的酒以及献酒礼仪

甲骨文"爵"　　金文"爵"　甲骨文"酒"　甲骨文"尊"　甲骨文"歙"　甲骨文"陴"

国之大事——祭祀与战争　　115

以酒器为主的青铜礼器群 迄今为止二里头遗址出土的10余件青铜容器中,除了一件鼎,均为仿造陶器器形制作而成的酒器

1 爵
2 盉
3 斝
4 鼎

1		
2	3	4

贵族对酒器的重视外,就酒的加热而言,铜器还具有极好的传导性。

在中原腹心地区的人们掌握了复杂的铸造技术后,青铜这种具有美丽的光泽又富于延展性的贵金属,首先被用来制作酒器而不是别的物件,足见酒器在当时王朝礼制中的崇高地位。

陶鬶与"鸡彝"

以成套酒器入葬来表现墓主人身份地位的随葬习俗，最早见于黄河下游的大汶口-龙山文化。二里头文化中的鬶、盉、斝、爵都可以溯源自这一文化系统中盛行的陶酒器——鬶。与此形成对比的是，二里头文化的烹饪饮食等日常生活用器基本上继承了中原腹心地带当地龙山文化的风格。因为与祭祀或礼仪相关联，在王朝祭礼的形成与整合的过程中，各种酒器也就被作为新的礼器而加以采用。

《礼记》记载三代用于祭祀的酒器，"夏后氏以鸡夷，殷以斝，周以黄目"。夷读为彝，彝器即礼器。其中提到的三种祭器究竟为何物，斝比较明确，但对于鸡夷（彝）和黄目，自汉代以后即歧说纷纭，不乏望文附会者。邹衡教授经过比照研究，认为"鸡夷（彝）"就是二里头文化的封口盉，也就是龙山文化中常见的陶鬶。[6]

他形象地解说道："如果我们看看山东龙山文化中常见的红陶鬶，不用解释，就会想到这件陶器活像一只伸颈昂首、伫立将鸣的红色雄鸡。其实不独鬶如此，夏文化（引者注：邹先生认为二里头文化即夏文化）中常见的封口盉又何尝不像一只黑色或灰色的雄鸡！原来它们可能都是由共同的祖型——大汶口文化的鸡彝发展来的。"邹先生进一步论证到，正因为它产生在东方，而在古代的东夷地区又曾经特别流行，因此它同时又有了"夷"的名。而金文中"彝"字的字形，像将鸡翅膀用绳索捆缚，左边落下血滴，表示宰后用双手捧送供神之状。古代有用杀鸡来盟誓的，用鸡祭祀更是东方的风俗。"正因为红色雄鸡是用于祭祀的牺牲品，而红色陶鬶是用于祭祀的'彝器'。"

这一将古代文献、古文字与考古出土品相比照，来复原当时礼器的递嬗传播源流的尝试，一时被传为学界佳话。当然，这还只是一种推测。

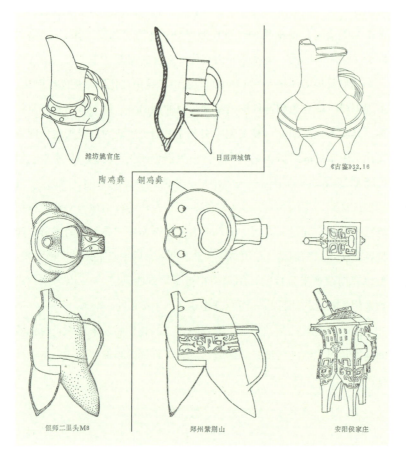

"鸡彝"的演变 二里头文化酒器中与山东史前文化关系最为密切的,是早期的陶鬶,二里头文化的陶鬶也是中原地区同类器的最后形态。自二里头文化晚期始,敞口敞流的鬶逐渐为更具保温和防尘功能的封口筒流盉所取代。后者显然是由前者演变而来的

1	2	3
4		

1 山东龙山文化陶鬶
2 二里头文化陶鬶
3 二里头文化陶盉
4 从陶"鸡彝"到铜"鸡彝"[7]

第一青铜酒器爵的发明

爵是一种小型温酒和注酒器。关于爵的起源,从整体形制和用途看,它与鬶或盉似乎有关,但大小、把手的位置和足的形状都不相同,应该为二里头文化所独创。我们在古装戏中经常可以看到王公贵族们举爵干杯的场面,但爵是否直接用来饮酒,却仍存疑问。陶爵中一直有夹砂陶(为使受火器物不致爆裂而在陶器胎土中羼入砂粒,是炊器的主要特征)存在,且在有些陶爵的底部发现烟炱的痕迹,说明它具有温酒的功能。把温好的酒由爵倒入觚中饮用,可能是较为合理的解释。

铜爵应是模仿陶爵制成,器高在10—20厘米,这是二里头都邑最先制造出的一种青铜酒器。在二里头遗址,青铜爵迄今已出土了10余件,都属二里头文化晚期。铜爵在二里岗文化时期得到进一步的发展,它与觚组成的酒器组合具有代表性,一直延续至西周时代。

有的学者注意到爵造型的不对称性。与鬶、盉不同,爵的把手与器流不在一线上,而是垂直于流口,且位于其右侧。二里头出土的唯一一件有纹饰的铜爵(腰部饰带状联珠纹),以及二里岗至殷墟时期饰有兽面纹的铜爵,都是把纹饰施于把手的另一侧,可知有纹饰的一侧为正面,把手所在的一侧为背面。三足中之一足在把手的正下方,另两足则在正面的两侧。这一造型原则被毫无例外地严格遵守着。

用这种不对称的器物倒酒,自然是右手持把手,正面面向对方,使爵体左倾。如果是用左手,只能用手握住爵身,这势必就挡住了纹饰,而使带把手的背面朝向对方。这对生来习惯用左手的"左撇子"来说,实在是不公平的。指出这一点的日本京都大学冈村秀典教授[8]和我都是"左撇子",因而对此更有深切的感触。

在始于周代的爵位中,"公爵""伯爵"等都用了"爵"字(这里的"爵"应是酒杯的总称,并不一定专指我们所谈论的酒器爵),至少表明在王朝的礼仪中饮酒是极为重要的,而二里头文化在饮酒礼仪

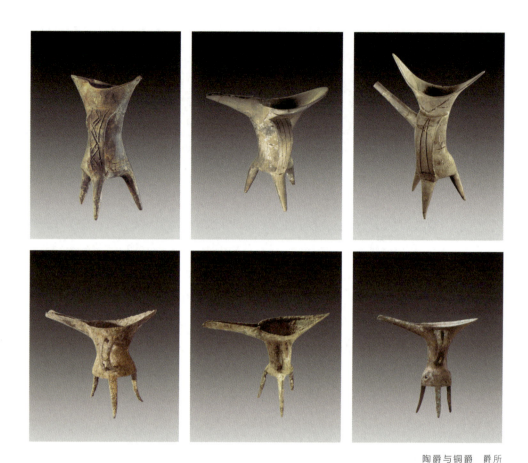

陶爵与铜爵 爵所体现的这种不对称的特殊制器原则，无视"左撇子"群体的存在，居然被严格遵守达千年以上，直到西周时代才退出历史舞台。从特定的手持和倒酒方式，可以窥见礼仪实施的精微之处

的发展过程中则具有划时代的意义。铸造铜爵等造型复杂的酒器，至少需要精确地组合起内模和 3 件以上的外范，即当时已采用了先进的复合范工艺。而克服其中的种种困难，最终铸造出青铜礼器的内在动力，应当就是这一时期新兴王权对宫廷礼仪的整饬。

从祭玉到礼玉

最初，人们把质地温润、色泽赏心悦目的玉石当作装饰品，又逐渐赋予其神秘的色彩，把玉石看作具有神性的灵物。中国最早的玉器见于公元前 7000 多年的黑龙江饶河小南山遗址。随着公元前 3000 年左右社会复杂化程度的加深，在东亚大陆多个史前文化中，先是出现了在祭祀活动中用作神灵替代物的"祭玉"；在国家产生后的宫廷礼仪中，玉器又作为社交礼仪中的"礼玉"而受到特别的重视。

在古典文献中，舜把"玉圭"赐给治水成功的禹，西周时代的册命（赏赐任命）仪式也使用玉器。而在即位仪式或朝见仪式上，诸侯要献上"玉圭"。依王、诸侯及其他贵族身份的不同，其手持玉器也分为多个类别，《周礼》中就有"六瑞"之说。作为昭示君臣关系的礼仪，这种通过宫廷和玉器所表现的授受行为，在王权的维持上起着极为重要的作用。[9]

据《礼记》记载，诸侯朝见天子时或大夫访问他国时，以及举行射礼时，都必须手持细长的板状物"笏"。依持有者身份的不同，它的形状、大小和材质都有差别，分别用美玉、象牙和带有不同装饰的竹制成。"笏"的形状和使用它的一套程序，与"玉圭"极为相似，很有可能是由玉圭转化而成的。

1　2　3

后代的宫廷用玉圭与笏　作为贵族权威的象征物，宫廷礼仪中所用"玉圭"或"笏"之类的玉器，可以称为"礼玉"

1　战国谷纹玉圭
2　清乾隆赐岱庙玉圭
3　唐内侍持笏图（陕西乾县懿德太子墓壁画）

国之大事——祭祀与战争

东风西渐：大型有刃玉礼器群

二里头所在的嵩山周围、洛阳盆地一带，在龙山时代并无使用大型玉器的传统。这与二里头都邑出现成组大型玉礼器，形成了鲜明的对比。

二里头遗址出土的玉礼器（有些属石质，学术界也把其看作文化意义上的"玉"），可以分为两大类。一是大型有刃器如钺、刀、牙璋、圭（或称铲）和戈，二是小型棒状的柄形玉器。其中，钺、牙璋、刀和圭应都源自海岱地区的大汶口-龙山文化，到以后的二里岗文化趋于衰退；与此形成对比的是，柄形玉器和玉戈在此后得以传承。

石质的钺类器最早见于长江下游太湖地区的史前文化，后来逐渐成为东亚大陆东方地区新石器时代玉石器的一种重要器形。二里头的玉石钺，也具有显著的东方和东南方的传统。譬如在钺身上穿双孔和用绿松石圆片镶嵌其中一孔的装饰手法，就见于海岱地区的大汶口-龙山文化。

在二里头文化中，一种两侧边缘有扉齿的钺更为常见。这种钺一般称为戚。玉戚中又有一种璧形戚，或称为璧戚。璧戚始见于二里头文化，至二里岗文化已极罕见。

钺与戚 在二里头遗址，钺在墓葬以外的文化堆积中也有发现，与牙璋、圭等手持的礼仪用器不同，这类钺应当属于装柄的实用器，用于战争或仪仗等场合。而作为随葬品的玉钺、戚（两侧边缘有扉齿的钺），则应当是用于宫廷礼仪的

璧戚 璧戚整体近圆，中有大孔，齿状外弧刃，更富装饰意味而不适于装柄，因此也应是祭祀或礼仪活动中手持的礼玉

二里头文化玉器两侧装饰对称的扉齿，以及玉戚上所见齿状弧刃的做法，都可以上溯到黄河下游海岱地区大汶口–龙山文化的同类装饰工艺。[10]

横长的梯形多孔大玉刀，系采用较薄的玉石材料制成，一般认为是由谷物收割工具石刀演化而来。但没有使用痕迹，显然并非实用器。此类石刀最早出现于长江下游的薛家岗文化，作为随葬品见于黄河中下游的大汶口–山东龙山文化和陶寺文化的墓葬中，在陕北一带的石峁文化中也有发现。

被称为牙璋的玉器，一般认为是铲（或耒）形松土工具的仿制品。全器由器身和柄部以及两者之间的阑组成，器身前端有微斜而内凹的

玉石刀 二里头遗址出土的刀一般长逾50厘米，直刃，近背部有多个钻孔，最多达7个

国之大事——祭祀与战争　　123

玉石牙璋 二里头遗址出土的牙璋长达50厘米左右,阑部有二至四组对称的扉齿,扉齿之间阴刻细平行线,制作极为精细

牙璋的使用方式 四川三星堆遗址出土两手持牙璋跪坐的铜人像,很像在祭祀或礼仪场所持"笏"的情形。三星堆遗址还出土过刻有图像的牙璋,图像中牙璋立于山边,横列的人物也应是在祭祀场合之中

刃。柄部及其上的圆孔都没有装柄的痕迹，从形制上看也不适于装柄。

这类器物最早见于大汶口文化末期至山东龙山文化早期的海岱地区，在陕北一带的龙山时代晚期至二里头时代的石峁文化遗存中也有发现。石峁文化和二里头文化出土牙璋显现出较山东龙山文化的同类器更强的装饰意味，以及思维的进一步复杂化。相比之下，海岱地区出土牙璋的形态偏于原始，阑部扉齿较简单，器体也较短小，其间应存在着源流关系。[11]

玉石戈和铜戈均始见于二里头文化晚期，为其后的二里岗文化所承继。玉石圭、戈都应同牙璋、刀等一样，也是社交礼仪中贵族手持的"礼玉"。

台湾学者邓淑苹研究员把二里头文化大型有刃玉礼器群，归为"华西系统玉器"，认为其与龙山时代的陕北玉器群关系密切，[12] 是有道理的。但考虑到后者多缺乏明确的层位关系，年代跨度较大，而上限不早于龙山时代，玉器总体器形和在器缘加饰扉齿的装饰作风等多显现出东方文化因素，其远源恐怕仍可追溯至海岱地区的大汶口-龙山系统文化。而器表阴刻成组线纹的装饰作风，则是面向内陆的诸文化在玉器制作上一个晚出的风格。这也正契合了前述二里头文化属于华东华西两大系统"文化杂交"之硕果的推论。

玉石圭、戈 圭比牙璋、刀要小，一般长20厘米左右，上部有一或两个孔。戈本来是一种有柄的勾兵，但玉石戈上钻孔的位置已不适宜于缚绳装柄

国之大事——祭祀与战争

柄形器之谜

与上述大型有刃玉器形成对比的，是常见于二里头贵族墓的小型柄形玉器。这类呈扁平或棒状的玉器一般长 20 厘米以下，最早零星地见于黄河和长江流域的一些区域。自二里头文化早期开始在二里头遗址出现，又为二里岗文化和殷墟文化所继承。在西周时代的一些墓葬中，柄形器的末端一般有短小的榫和玉石片粘嵌而成的附饰，可知它是与其他器物组合使用的。到东周时期，这类器物就基本上不见了。

在二里头和二里岗时期，玉柄形器仅见于随葬品丰富的贵族墓。到商代晚期时，有些仅随葬陶器的小型墓也有出土。但总体上看，直到西周时期，制作精良的柄形器还是集中见于规格较高的贵族墓，因此，可以肯定它是贵族的专用品。

安阳殷墟遗址曾在几座小墓中出土了一批石柄形器，值得注意的是，其上分别朱书祖先的名字，表明这种器物应是用于祭祀先人的礼仪用品，属于礼器的范畴。[13] 以往的一件传世玉柄形器上阴刻有 11 字，

二里头出土的各类玉柄形器　柄形器多为素面，但 20 世纪 70 年代一座贵族墓中出土的一件柄形器（左），其上用浅刻和浮雕的方法雕刻出三组兽面纹，每组之间器身束腰并雕出类似花瓣的纹样，极其精美

记载这件器物是商王赏赐给作为臣下的器物持有者的，也显示了玉柄形器的重要性。

学界对这类器物的定名与功能性质分析五花八门，不一而足。有的说是用来弹琴的，因此称为"琴拨"；有的说是用来束发的头饰，因此称为"簪形器"；也有的认为是作为兵器的铜剑的剑柄；还有的认为是人身上的佩饰。鉴于其上发现有文字，更有人推测是用来祭祀祖先神灵的"石主"，相当于后世的牌位。日本著名学者林巳奈夫教授则认为应是一种礼器瓒的把柄，文献中称为"大圭"，因属贵重之器，只给有资格参加仪式者佩戴。[14] 目前学界多认为它属于礼器，但其具体的功用与象征意义，则仍是待解之谜。

近来，有学者通过对墓葬中器物组合的分析，指出这类玉柄形器就是瓒，它是由良渚文化的玉锥形器演变而来的，其使用方式都是榫接于木棒上置于酒器斝中以祼酒（祼，音灌，古代以酒灌地的祭礼）。[15] 可以认为，这是目前最接近实际的推论。

昭示等级秩序的玉器

如上所述，大型有刃玉器都应是贵族手持之物，从其宽片状的形制看，应相当于日后的"玉圭"，即衣冠束带的贵族在朝廷上所持的"笏"。玉器的种类，可能昭示着持有者的出身与职位的差异，其中详情已不得而知。但它们都属于宫廷礼仪所用礼玉，则是可以肯定的。值得注意的是，在二里头文化玉器中，有刃器受到高度的重视。

从出土玉器的墓葬中随葬品组合情况看，大型有刃器中的玉钺见于所有的墓，玉刀也较多。较大的墓中都随葬三件有刃器，但各自的组合不一致。小型柄形器的使用则较为普遍，可知身份较高的贵族墓中，柄形器是不可或缺的，如前所述，推测其属于祭器是有道理的。

在二里头文化的玉器中，装饰品极少，二期开始出现柄形器，三期则有各类大型有刃礼器出现。这些带刃的礼玉，都与其本来的装柄方式和用途无关,而是表现贵族的权威,作为在宫廷上昭示君臣关系的"玉圭"或"笏"来使用的。[16] 在二里头都邑,这些玉礼器与宫城、大型宫殿建筑群的出现大体同步,表明王权以及用以维持王权的宫廷礼仪已大体完备。

无乐不成礼:乐器一瞥

在古代中国,贵族在举行祭祀和其他礼仪活动时,往往离不开乐器。所以常有学者以礼乐文明来概括中国早期文明的特征,确是一语中的的。

乐器与等级身份相关联的例子,在龙山时代的考古发现中即有所见。晋南陶寺文化超大型中心聚落陶寺遗址的墓地中,鼍鼓(以鳄鱼皮作鼓面的鼓)和打制的石磬两种乐器,仅见于最高规格的墓葬。[17] 这类墓葬规模较大,都有丰富的随葬品,墓主人应当是处于金字塔塔尖的社会上层人物。与作为礼器的彩绘陶器和漆木器一样,这些乐器也是彰显其权威的标志物。

在二里头遗址的一座贵族墓中也发现了一件石磬。磬体略呈折曲状,顶部有一悬孔以穿绳。形体较大而厚重,长50多厘米,厚近5厘米。正面磨制较精,其余保留有打制和琢制的痕迹。

铜铃是二里头文化青铜器中富有特色的器种,不少介绍中国古代乐器的书都把它收进去,作为乐器的一种。但它的真实功能仍是个谜。无论如何,它是一种可以发出悦耳声音的响器。陶铃在龙山时代的多处地域都有发现,二里头遗址也有所见。早于二里头文化的唯一一件铜铃系红铜制品,见于山西襄汾陶寺遗址。它出土于一座墓葬中,位于墓主人的腰部。二里头文化的青铜铃都见于贵族墓,共出的随葬品较为丰富。与陶寺遗址所见相同,一般也放置于墓主人的腰部或手部,多见以纺织品包裹的情况。

值得注意的是,在二里头遗址的贵族墓中,铜铃往往与嵌绿松

陶寺、二里头、殷墟磬之比较 陶寺的打制石磬、二里头琢磨制的石磬、殷墟的磨光虎纹大磬,都是周代礼仪用打击乐器——编磬的祖型。这从一个侧面昭示了以"礼乐"为中心的礼制的形成与早期发展的轨迹

国之大事——祭祀与战争

陶寺、二里头的铜铃　二里头青铜铃之铃体较陶寺铜铃要大，为扁圆体，顶部有钮，一侧有扉，器身常饰有凸弦纹，一般配有玉质的管状铃舌

陶埙和陶鼓形壶　鼓形壶扁圆体，其周缘有三周表现鼓钉的小泥饼。鼓体下附二足，与殷墟甲骨文中的"鼓"字颇为相似

石铜牌饰共出，或与大型绿松石龙形器共出，表明这类墓的墓主人具有特殊的身份，同时也暗示着铜铃与祭祀礼仪相关联的功能。

二里头遗址的贵族墓中还曾出土过一件漆鼓。鼓为束腰长筒状，施朱红漆，通长50余厘米。遗址上又曾出土陶鼓形壶一件。

此外，二里头遗址还出土有陶埙。

有骨无甲的占卜习俗

把动物骨骼的某一部分加以烧灼，使其产生龟裂从而占卜吉凶的习俗，从公元前3000多年开始出现，到商代达于极盛。这一习俗最早可能起源于西北地区，在龙山时代分布于长城地带及与其邻近的华

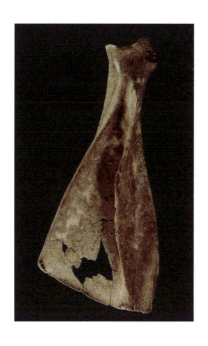

二里头出土的卜骨　因为在占卜用的甲骨上刻有文字，商王朝的实际存在才得以确认。与殷墟文化时期占卜时兽骨和龟甲并用的情况不同，二里头时代只有骨卜而无龟卜，而且只有灼痕，未发现见于殷墟甲骨上的钻、凿现象，也没有在卜骨上发现文字

北地区，二里头时代扩展至黄河中游和辽西地区。从占卜未来的行为看，它应当属于一种祭祀活动，而且与家畜养殖和畜牧生活有密切的关系。

据研究，"卜"字的字形就是模仿占卜时的裂痕，读音也是从爆裂时的声响而来。占卜时用的兽骨，主要是肩胛骨。这个部位有既宽且薄的平面，受火后容易爆裂，最适合做卜的材料。[18]但一只动物只有前肩上的两块肩胛骨，不杀掉则无法得到，所以也来之不易。它作为传达神意的媒介被人们精心选出，而供奉给神作为牺牲的动物当然在优先考虑之列。晚商时期的殷墟王都主要是用牛的肩胛骨和龟甲；据文献记载，西北的畜牧游牧族群用羊，东夷则用牛或鹿。二里头文化中牛、羊、猪兼用。

中国最早的礼兵器

为维持与扩大王权、对抗外敌，保有相应的军事力量是必不可少的。在中国古代王朝文明形成中，青铜兵器的出现及其普及起着重要的作用。在二里头时代，青铜兵器的出现，远射用武器镞（箭头）的激增，暴力加害的人殉和人牲的多见，都暗寓着当时社会集团之间战争的频发与激化，构成了王朝形成期社会矛盾加剧所特有的图景。

二里头文化出土的青铜兵器有戈、钺、斧和镞等。其中，属于近战兵器的戈、钺、斧总共出土了4件，应当都是墓葬的随葬品。从铜

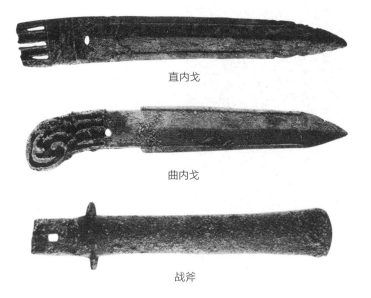

二里头出土的青铜近战兵器 这类兵器均应装柄使用，在其刃部的相对处都有大小不一的孔，用于缚绳装柄

直内戈

曲内戈

战斧

钺的材质成分及刃部较钝等特征分析，应非实用性兵器，而属于礼仪用器，另外几件的情况也大致相似。可知这类兵器并非用于实战，而应是用来表现权威的仪仗用器，或可称为礼兵器，它们在当时并未普遍使用。这是迄今所知中国最早的青铜礼兵器。

以双翼镞、有内钺、直内和曲内戈为代表的二里头文化青铜兵器，奠定了中国古代兵器的基本格局。戈、钺在随后的二里岗时代继续使用，成为中国古代最具特色的武器。长条状的斧则仅见于二里头文化，有学者认为应属北方系战斧或其仿制品[19]。其中，戈的出现意义尤其重大，啄击兼勾杀的威力使其极利于近战，成为日后中国冷兵器中的主宰器种。二里岗时期以戈、钺、镞为主的铜兵系统得到光大，形成了以戈为中心的兵器组合。

在中国，最早的马拉战车见于商代晚期的殷墟遗址，车战也应是从那时开始的，骑兵则更要晚到东周时代才出现。商代晚期以前，战争的主角是步兵。

> **兵器上的"内"**
>
> 音纳,有"纳入"之意。兵器尾部横向伸出的部分,用于装柄。

钺·军事统帅权·王权

二里头遗址发现的青铜钺,是迄今所知中国最早的青铜钺。它的前身石钺应是从斧类生产工具演变而来,最初也被称为"有孔石斧"。后来作为武器使用,并逐渐演变为象征军事权威的仪仗用器,也是一种用于"大辟之刑"的刑具。在西周金文和《尚书》《左传》《史记》等文献中,分别记载商周时期的君王以弓、矢、斧、钺赐予大臣或诸侯,以此象征授予其征伐大权。其中,钺又是最受重视的。它作为仪仗用器,代表着持有者生杀予夺的权力。这应当反映了对传承已久的某种制度的继承。

对于古文字中"王"字的字源本义,历来有不同的观点。其中,认为"王"字象斧钺之形[20],应较接近本义。早于甲骨文时代数百年的二里头都城中出土的玉石钺和迄今所知中国最早的青铜钺,就应是已出现的"王权"的又一个重要象征。换言之,钺的礼仪化是中国王朝文明形成与早期发展的一个缩影。

二里头的青铜钺和金文中的"王"字　金文中"王"字的字形,像横置的钺。"王"字在最初应指代秉持斧钺之人,即有军事统帅权的首领,随着早期国家的出现,逐渐成为握有最高权力的统治者的称号

国之大事——祭祀与战争

小箭头的大启示

弓箭本来是狩猎工具,在箭杆前端安有石质或骨、蚌质的镞。在二里头文化崛起"前夜"的龙山时代,各个地域不同群团间的战争日益激烈,镞的数量也急剧增多。为增强杀伤力,镞也在不断地变大变重。原来的镞两翼较宽,呈扁平状,分量轻而射程较远,适于狩猎;现在则变得重而细长,能达到深刺的效果,杀伤力大幅度增强。[21]

二里头遗址出土有铜、石、骨、蚌等多种质料的镞,基本上出土于生活区,此外还见有箭头刺入人骨的例子,说明它们应是实战用器。

这些制作规范的镞,后端往往有细窄的铤,使用时需将镞铤插入箭杆。有的学者注意到,大致以河西走廊为界,以东地区基本上为有铤镞,以西地区则基本为镞底或铤部带銎孔者,可以将箭杆插入銎孔内。这一空间差异或许与箭杆的选材有关。中原或周边地区大概多以竹为箭杆,竹中空,利于将镞铤插入以固定(当然也可以把木杆劈裂,插入镞铤再以绳绑缚);而西北地处无竹的高寒地带,箭杆可能多为木

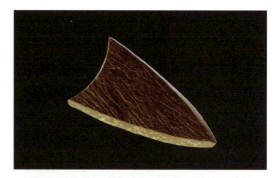

二里头出土的各类箭头 铜镞(下)有尖锐的锋部。石镞(上、中)、骨镞、蚌镞则延续了当地龙山文化的传统,可分为无脊的扁平三角形镞和有脊的棒状镞两种。前者夹于箭杆前端,应主要用于狩猎,但数量不足箭头出土量的十分之一。相比之下,后者细长而分量稍重,应是用于战争的。尤其是到了二里头文化晚期,断面呈正三角形或圆形、制作规范的镞大量出现

质，有銎孔的镞就便于固定。这都是因地制宜的举措，最终形成了各自的传统。

箭头属不可回收品，以铜来制作，除了表明战争日益受到重视外，还意味着当时珍稀的铜料来源已得到了初步的保障，青铜器生产的程度日益加深。

都邑社会

人口构成与层级

大规模的人口动员

作为进入王朝阶段的发达的国家社会,王都与宫殿的建筑工程都需要大量的人口与劳力。如前所述,仅建造二里头都邑的 1 号宫殿,就需要 20 多万个劳动日。其他的土木建筑工程、各种手工业生产,以及对外战争等,都要经常性地驱使大量的人力。这样的人力需求,仅凭王都内部的居民恐怕是远远不够的,还要广泛地动员周边聚落的人口。为劳力提供的粮食大概也要从更广大的区域来获取。这种以松散的纽带联系起来的诸社会集团,就逐渐在人力和物力上整合为以二里头王都为中心的更为复杂的社会组织——广域王权国家。

龙山时代也有过大规模的劳动动员,例如夯土城垣的修建。但即便是规模达 280 万平方米的襄汾陶寺城址,它夯土城垣的保卫对象也应当是包括一般庶民在内的。此外,随葬大量器物的大墓与一贫如洗的小墓在陶寺共处于同一墓地。因此,它的劳动动员似乎也是以超越身份差异的共同性为基础的。这与二里头都邑的营建旨趣、功能分区以及人口构成可能都有较大的差别。至于像登封王城岗那样面积仅 30 余万平方米的城邑,其筑城工程只需要周边十几个聚落组成的小聚落集团即可完成。[1] 可知就人口动员的规模和性质而言,二里头都邑与此前龙山时代的中心聚落之间也不可同日而语。作为统治者的贵族阶层,受盘剥的庶民以及被剥夺了人身自由的人构成了金字塔式的社会层级,从而也确立了国家权力的基础。

族属的复杂化:中国最早的移民城市

二里头遗址罕见统一安排死者的公共墓地。遗址发掘中出土单独的墓葬或由若干成排墓葬组成的小型墓群。这些墓葬遍布遗址各处,见于宫室建筑的院内、一般居址近旁、房基和路面以下。这表明那时的人对死者并不"敬而远之",并不把生与死严格地对立开来。曾经

墓葬发掘现场

的居住区又被用来埋葬死者，这些墓葬分布点似乎也都没有被作为墓地长期使用，墓葬和房屋建筑往往相互叠压。人类学家主张，一个为死者专有的、界限明确的规划区域，表明这是一个具有直系血亲体系的社会共同体。值得注意的是，在早于二里头时代的许多新石器时代遗址和安阳晚商都城殷墟都发现了明确的宗族墓地。二里头遗址的埋葬形态与中国古代长期延续的这一丧葬传统形成了鲜明的对比。因此，二里头遗址罕见有组织的、经正式规划的埋葬区域，可能暗寓着这里的居民彼此间缺乏直接的血缘关系。

二里头的这种松散的埋葬状况，似乎与这一中心都邑的人口构成相关联。如果考虑到二里头文化是中国历史上第一个跨越自然地理单元、涵盖不同农业区的强势"核心文化"，而二里头都邑是最早集聚了周边人口的中心城市，也就不难理解这些早期移民是来自众多不同的小型血缘集团，而在它们的上面并没有连接所有都邑社会成员的血亲纽带。缺乏稳定的墓地和同一空间内墓葬与房屋的不断更迭，暗示着人口的频繁移动。二里头都邑的人口应当是由众多小规模的、彼此

都邑社会——人口构成与层级　　139

不相关联的血亲族群所组成，同时它们又集聚并且受控于一个城市集合体。[2] 从某种意义上讲，二里头是中国最早的大规模移民城市。

都邑人口构成的复杂化，是社会复杂化和日益频繁的文化交流的必然结果，是文明带来的新生事物。然而，这些二里头的人类群团究竟在多大程度上从事农业生产或特殊的手工业专门化生产尚不清楚。进一步的发掘和研究将能提供更多的、有助于解答这些问题的信息。

从宫殿到半地穴式"窝棚"

自新石器时代开始，黄河流域的住宅建筑经历了从半穴居到地面居，再到高台居的发展过程。住宅作为社会文化的产物，也一直从一个侧面显示着社会进步的趋势。在穴居住宅依然存在的龙山时代乃至其后的三代，突出于地面的高台建筑的出现，既与夯筑技术的成熟有关，又反映着事实上日益扩大的社会分裂。

如前所述，像二里头1号宫殿那样的大型夯土高台建筑的建造需要庞大的用工量，又因为它们首先成为至高无上的宫殿宗庙之所在，而具有权力的象征意义。可以说，大型高台建筑的出现，既是人们居住生活史上的一次大的革命，也昭示着国家社会和文明时代的到来。

面积达数百至数千平方米的大型建筑基址，都位于宫殿区及后来的宫城城墙范围内，前文已述。围绕这一王室禁地，分布着众多的中

都邑内多层次建筑并存　在二里头遗址，各种层次的建筑物共存。从雄伟壮观的大型宫殿（宗庙）建筑，到地面起建的单间或多间贵族住宅（左），再到半地穴式"窝棚"（右），构成了二里头都邑特有的建筑图景

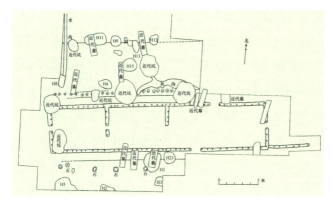
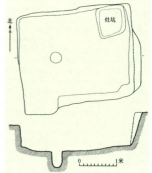

型夯土台基或地面式建筑。这些建筑面积在数十到上百平方米，宽敞且较为考究，附近发现有随葬品丰富的墓葬，显然应是贵族的居所。

与此形成鲜明对比的是，遗址上常见阴暗潮湿的半地穴式建筑，非常简陋，应是生活在社会底层者的栖身之地。

金字塔式的墓葬层级

迄今为止，二里头遗址已发掘的二里头时代的墓葬有 400 余座。墓葬一般为土坑竖穴墓，单人葬，墓穴多为南北向。墓主人仰身直肢，大部分头向北下葬。虽不见集中而长期使用的墓地，但多数墓葬是分区分片的，同一区域的墓葬一般东西排列成行。

出土有铜器、玉器、漆器和陶礼器的贵族墓葬，主要分布在宫殿区的周围，而以东北部最为集中。

在二里头遗址尚未发现与规模宏大的宫室建筑相应的、可以认定为"王墓"或"王陵"的大型墓葬。[3] 根据墓葬规模、葬具之有无及随葬品的种类与数量，可将已发现的墓葬分为以下几个层级。

随葬有铜、玉礼器的墓。随葬青铜酒器爵、盉、斝等，以及大型玉器牙璋、刀、圭、钺、戈以及柄形器等，一般还伴出漆、陶礼器（含白陶器）等随葬品。这类墓有木棺，铺朱砂,墓坑面积在 2 平方米左右。这类墓只发现了 10 余座。在宫殿区内发现的随葬绿松石龙形器等珍罕品的贵族墓应是其中规格较高者。

随葬有陶礼器的墓。随葬陶酒器爵、盉（鬶）、觚等，其中不乏白陶器。一般还伴出陶质的食器和盛贮器，以及漆器、小件玉器和铜铃等。有的有木棺或朱砂，墓坑面积在 1 平方米左右。这类墓占正常墓葬的一少半。

随葬少量日用陶器或没有随葬品的墓。一般不见棺木，无朱砂。墓坑面积在 0.8 平方米以下。这类墓占正常墓葬的一半以上。

非正常埋葬。被用作人牲而埋葬在祭祀场所，或被随意掩埋、抛

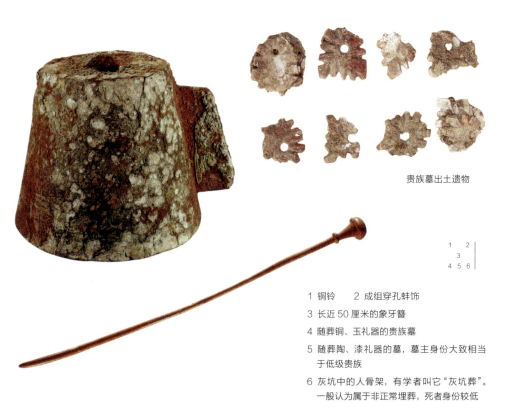

贵族墓出土遗物

1	2
3	
4 5	6

1　铜铃　　2　成组穿孔蚌饰
3　长近 50 厘米的象牙簪
4　随葬铜、玉礼器的贵族墓
5　随葬陶、漆礼器的墓，墓主身份大致相当
　　于低级贵族
6　灰坑中的人骨架，有学者叫它"灰坑葬"。
　　一般认为属于非正常埋葬，死者身份较低

各等级墓葬墓室规模与随葬品的比较　值得注意的是，在二里头文化墓葬中，是否拥有以酒器为主的礼器，是显现墓主人身份和地位的重要指标。这与山东大汶口-龙山文化墓地的情况是一致的。而青铜器与漆器、陶器共同组成酒（礼）器群，是处于青铜时代初始阶段的二里头文化埋葬制度乃至礼器制度的一个重要特征

弃在灰坑、灰层中。有的尸骨不全，有的手脚被捆绑，做挣扎状。

上述墓葬等级与数量的关系成反比，应是当时金字塔式的社会结构的一种反映。

众星捧月：聚落分布格局鸟瞰

日本东京大学名誉教授松丸道雄，经对甲骨文和金文资料的缜密分析，提出商周时代存在着由王朝都城"大邑"、从属于大邑的"族邑"及其下众多小的"属邑"组成的金字塔式的层累的聚落关系和社会结构，认为这种国家类型可以称为"邑制国家"。[4] 从这一视点看，二里头时代已进入了所谓"邑制国家"的阶段，已存在着古文献所载的"国""野"之别，也即城乡之别。

如前所述，二里头遗址规模巨大，有极强的规划性，功能分区明确，其中宫殿区与宫城、大型礼仪建筑群、祭祀区和官营手工业作坊等重要遗存都属仅见。二里头文化礼器产品的使用范围也主要限于二里头都邑的贵族。据初步统计，在已发掘的500余座二里头文化墓葬中，出土青铜器和玉器（或仅其中一种）的中型墓葬仅20余座，其中除3座外，均发现于二里头遗址。除了二里头文化最末期以外的大部分时间里，出有青铜礼器的贵族墓只见于二里头遗址。[5] 也就是说，二里头都邑不仅垄断了青铜礼器的生产，也独占了青铜礼器的"消费"，即使用权。

考古发现表明，随着二里头大型都邑的出现，在其所处的洛阳盆地的中心地带出现了不少新的聚落，以二里头遗址为中心，较大型的遗址相隔一定的距离均匀分布，总体呈现出大的网状结构。[6] 其中面积达60万平方米的巩义稍柴遗址地处洛阳盆地东向与外界交往的交通要道之所在，除了作为次级中心外，应该还具有拱卫首都、资源中转等重要功能。

再向外，发现贵族墓葬，出有白陶或精制陶酒（礼）器的20多处遗址（面积多为 10 万—30 万平方米），主要集中于嵩山周围的郑州至洛阳一带，颍河、汝河流域至三门峡一带，都是所在小流域或盆地内的大中型聚落，应属中原王朝中心区各区域的中心性聚落，它们的分布可能与以二里头王都为中心的中原王朝的政治势力范围接近。位于二里头遗址以东约 70 公里的荥阳大师姑城址（面积 51 万平方米），则可能是二里头都邑设置在东境的军事重镇或方国之都。

有的学者把二里头文化的分布区，分为畿内地域和次级地域（或直接称为畿内、畿外）两大区域。前者指的是二里头文化中心区所处之嵩山南北一带，推测可能属于王朝直接控制区；后者指的是二里头文化的外围区域，或属王朝间接控制区。[8]

从二里头文化的聚落分布大势中可以看出，其社会由数百万平方

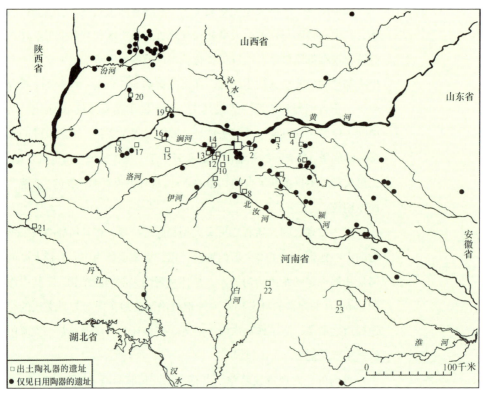

二里头文化重要遗址的分布[7] 自二里头文化早期偏晚阶段开始，这支文化向北越过黄河，向东、西方向也有所推进，而向南推进的力度最大。分布于外围的若干具有较多二里头文化因素的聚落，有可能是二里头王朝为获取青铜合金和盐等重要资源所设立的战略据点

米的王都（大邑）、数十万平方米的区域性中心聚落（大族邑）、数万至十数万平方米的次级中心聚落（小族邑）及众多更小的村落（属邑）组成，形成金字塔式的聚落结构和众星捧月式的聚落空间分布格局。这与龙山时代以城址为主的中心聚落林立、相互竞争的状况，形成了鲜明的对比。

文明气象

精神世界管窥

二里头有文字吗?

文字是人类进入文明时代的重要标志之一。汉字则是世界上最古老的文字之一,是曾经生活在中国文明核心地区的各族群精英之间交流的主要工具。中国文明源远流长,得以延续至今,汉字的发明、使用与普及功莫大焉。它增强了各族群间的文化认同,维护和增强了中国文明的凝聚力和持久的生命力。那么,汉字又是什么时候出现的,二里头时代是否就有了成熟的文字呢?这是学术界讨论已久的话题。

在二里头都邑,被认为可能与文字有关的刻划符号,仅见于陶器和骨器。到目前为止,二里头遗址陶器上发现的刻符,共达数十例。对于它们究竟是不是文字,学者们见仁见智,尚无法形成统一的意见。而众所周知的是,殷墟出土的甲骨文已是较为成熟完善的文字系统,有理由相信在它之前,应该还有一个较长的发展过程。因此,即便是不同意上述刻符属于文字的学者,在二里头人已经掌握了文字这一点

1 山西陶寺朱书陶文
2 山东丁公陶文局部
3 江苏龙虬庄陶文

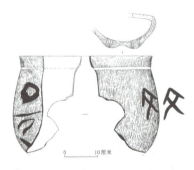

龙山时代各地出土陶文举例　越来越多的考古发现表明,至迟在二里头文化之前的龙山时代,初期文字已在黄河和长江流域较大的范围内出现

上也是持肯定态度的，只是认为能够代表当时文字发展水平的、真正的文字和成篇文书还没有被发现而已。当时的文字应当只为少数人所掌握和控制，使用范围较小。同时，受文字载体质料及埋藏环境的限制，如果当时的文书写在竹木或帛类等有机质材料上，便很难保存下来。加上考古工作的或然性，这就决定了当时文字发现的概率很低，应当说是可遇而不可求的。

针对二里头文化陶器口沿上的刻符，有学者考虑到这些刻符所在的器种和位置，推测其中有些应起着标记的作用，如在公共场合使用时便于相互区分；但有些很可能就是早期文字，分别表现数字、植物、建筑、器具以及自然现象等。有的学者指出这些刻符与后来的甲骨文有十分密切的渊源关系，进而释出"矢""井""皿""丰""道""行"和"來"（小麦），以及女阴和鞭子等的象形字。[1] 但无论如何，它们还无法代表当时文字的发达程度。

可以说，即便日后在二里头遗址发现了更为丰富的、足以改写中国文字发展史和早期王朝史的文字材料，那也不足为奇，是意料之中的事。

二里头出土的陶器、骨器刻符　二里头文化陶器上的刻符，见于大口尊和卷沿盆的口沿上，系陶器烧成后用锐器刻划而成。在一件骨片上发现了鱼形刻符

文明气象——精神世界管窥　　149

二里头陶壶与甲骨文、金文、小篆中的"壶"字

蛛丝马迹:甲骨文、金文中的早期器物

前文曾提及甲骨文和金文中"酒"字中的"酉"应是对大口尊这一实物的摹写。我们知道,象形字的创造者只能是模仿他们亲眼看见、在日常生活中实际使用的器物形态。甲骨文和金文中"酉"字所描绘的肩部突出的大口尊,只流行于二里头文化和二里岗文化早期,到殷墟时期已完全绝迹。"爵"字所摹写的器形,显然也与二里头至二里岗时期流行的爵相近,而不见于商代晚期。从甲骨文到小篆中的"壶"字,也与二里头文化的陶壶形状相近。

因此,这些字很可能是在二里头时代就被创造出来,而一直延续至后代。甲骨文和金文虽出自晚商甚至其后的人之手,却为我们留下了汉字初步发展时期的物证。

碧龙惊现"第一都"

2002年春,我们在宫殿区的一座早期大型建筑——3号基址的院内发现了成组的贵族墓,已如前述。这是二里头遗址发现与发掘以来首次在宫殿区内发现的成组贵族墓。最令人瞩目的是,其中的一座墓(编为3号墓)中出土了1件大型绿松石器。

3号墓的长宽分别超过了2米和1米,也就是说面积有2平方米多。可不要小看了这墓的规模,如果与后世达官显贵的墓葬相比,它实在是小得可怜，但在二里头时代，它可是属于迄今已发现的最高等级的墓。这座墓又是宫殿院内这些贵族墓中最接近建筑中轴线的一座，它的面积和位置已表明其规格之高。

墓主人是一名成年男子，30—35 岁。墓内出土了丰富的随葬品，包括铜器、玉器、绿松石器、白陶器、漆器、陶器和海贝等，总数达上百件。

绿松石龙形器放置于墓主人骨架之上，由肩部至胯骨处。全器由 2000 余片各种形状的绿松石片组合而成，每片绿松石的大小仅有 0.2—0.9 厘米，厚度仅 0.1 厘米左右。绿松石原来应是粘嵌在木、革之类的有机物上，其所依托的有机物已腐朽无存。这件龙形器应是被斜放于墓主人右臂之上，呈拥揽状，一件铜铃置于龙身之上，原应放在墓主人手边或者系于腕上。

龙头隆起于托座上，略呈浅浮雕状，扁圆形巨首，吻部略微突出。以三节实心半圆形的青、白玉柱组成额面中脊和鼻梁，绿松石质蒜头状鼻端硕大醒目。两侧弧切出对称的眼眶轮廓，梭形眼，轮廓线富于动感，以顶面弧凸的圆饼形白玉为睛。

龙身略呈波状曲伏，中部出脊。由绿松石片组成的菱形主纹象征鳞纹，连续分布于全身。龙身近尾部渐变为圆弧隆起，因此更为逼真，尾尖内蜷，若游动状，跃然欲生。

距绿松石龙尾端 3 厘米余，还有一件绿松石条形饰，与龙体近于垂直。二者之间有红色漆痕相连，推测与龙身所依附的有机质物体原应为一体。条形饰由几何形和连续的似勾云纹的图案组合而成。由龙首至条形饰总长超过 70 厘米。

超级国宝"难产"问世

在 2004 年度"中国十大考古新发现"评选汇报会上，这件两年多以前出土的大型绿松石龙形器引起了与会专家和公众的极大兴趣。

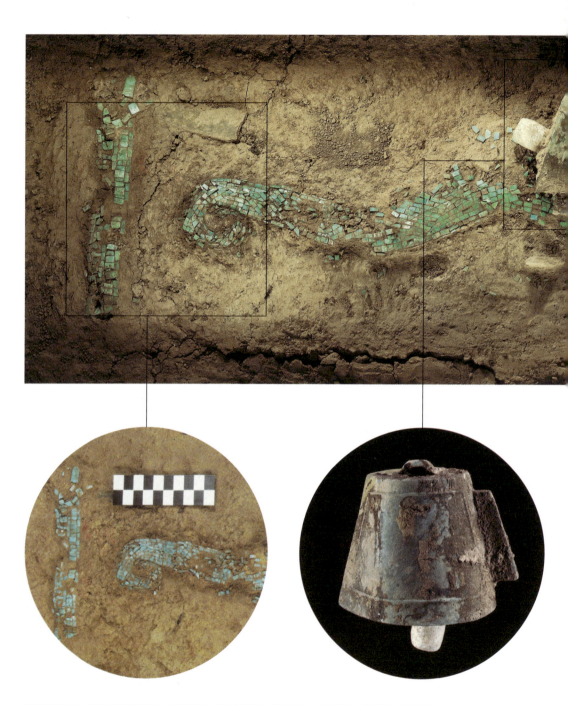

绿松石龙形器　绿松石龙形体长而大，巨头蜷尾，龙身曲伏有致，形象生动，色彩绚丽。龙身长约 65 厘米

文明气象——精神世界管窥

那么，这条碧龙是如何出土的，又为什么迟至2004年才"浮出水面"呢？

在3号墓的清理过程中，墓主人的骨骼显露之前，已经有一些细小的绿松石片开始露头。我们对此并不惊奇，根据以往的经验，它应该是嵌绿松石牌饰的组件。但随着揭露面积的扩大，我们开始意识到"遭遇"了前所未有的发现。

绿松石片从墓主人的肩部开始，直到胯部一带，断续分布，总长超过70厘米。要知道，迄今为止在二里头遗址及中原周边地区发掘出土或收集到的，以及藏于世界各大博物馆或私人收藏家手中的镶嵌牌饰仅10余件，其绝大部分长度都在15厘米左右，最大的一件异形器的长度也只有20余厘米，而且它们一般都有铜质背托。3号墓的绿松石片则分布面积大，且没有铜质背托。绿松石器相对保存较好，有些还能看出由不同形状的绿松石片拼合而成的图案。这颇令我们激动，以往在龙山时代到二里头时代的贵族墓葬中就曾有大量的绿松石片集中出土，这些绿松石片原来都应是粘嵌于木、皮革或织物等有机物上的，但出土时大多散乱而无法复原其全貌。因此，3号墓的这一发现弥足珍贵。但绿松石片很细小，清理起来极为困难，稍不留意，甚至用嘴吹去其上和周围的土屑都可能使绿松石片移位。而一旦有较大面积的移位，将使以后对原器的复原成为不可能。

绿松石龙形器室内清理　从小心翼翼地剔凿去石膏，一直到总体轮廓出来，再剔出细部，颇为不易

在这种情况下，清理得越细越不利于今后的保护和复原。于是我们紧急向我所（中国社会科学院考古研究所）科技中心求援。负责文物修复和保护的技师建议先整体起取，运回室内，再按部就班地清理。于是我们改变战略，停止对大型绿松石器在考古现场的细部清理。在获取了墓葬的基本数据材料后，整体起取了大型绿松石器，并于当年夏天派专车押运回北京。

我所科技中心的工作千头万绪，文保技师答应尽快处理我们的"宝贝"。但随后就是2003年春的"非典"，盛装绿松石器的大木箱也就一直静静地躺在那里，等待着这件国宝重见天日。

2004年夏，大型绿松石器终于开始揭箱清理。当看到我们为之付出了艰辛努力而保留下来的这件宝贝，居然是一条保存相当完好的大龙，顿感此前一切丰富的想象与推断都变得黯然失色。当你从上面俯视这条龙时，你感觉它分明正在游动；当你贴近它硕大的头与其对视时，它那嵌以白玉的双眼分明也在瞪着你，仿佛催你读出它的身份。就这样，一件大型绿松石龙形器逐渐"浮出水面"，学者们将其誉为"超级国宝"。

龙牌、龙杖还是龙旗？

有学者认为这应是一个在红漆木板上粘嵌绿松石片而形成的"龙牌"，它色彩艳丽，对比强烈，富有视觉冲击效果。龙牌上的龙图像，表现的是龙的俯视图。而随葬绿松石龙形器的高级贵族，应系宗庙管理人员，"龙牌"则应是祭祀场合使用的仪仗器具。[2]日本《朝日新闻》的记者和日本学者直接把它称为"龙杖"或"龙形杖"，一种特殊的权杖。的确，在此后的殷墟和西周时代，用绿松石镶嵌龙图案的器具，也都是罕见的珍品，而绝非一般人可以享用的普通器物。

有学者则认为这是早期的旌旗，其上装饰升龙的形象。以死者生前所用旌旗覆盖于尸体之上，应是早期旌旗制度的反映。《诗经》中记述周王祭祀于宗庙,有"龙旗阳阳,和铃央央"的场景描写,其中"龙旗"与"铃"并列对举,与该墓中龙牌与铜铃共存的情况,颇为契合。墓主人应是供职于王朝的巫师,其所佩龙旌具有引领亡灵升天的宗教意义。[3]

这一绿松石龙形器的发现弥足珍贵。其用工之巨、制作之精、体量之大,在中国早期龙形象文物中都是十分罕见的。有的学者认为,绿松石龙的出土,为中华民族的龙图腾找到了最直接、最正统的根源。这一出土于"最早的中国""华夏第一王都"的碧龙,才是真正的"中国龙"。

绿松石龙祖型探秘

早于二里头,且与这件龙形器有密切关系的纹饰主题,见于河南新密市新砦遗址出土的一件陶器盖上的刻划兽面纹,发掘者称之为饕餮纹[4]。

新砦陶器盖上的兽面纹与绿松石龙之间的相似性,还有更深一层意义。目前学术界普遍认为以新砦遗址为代表的遗存,是由中原龙山文化向二里头文化演进的过渡期文化,可以看作二里头文化的前身。

看它们像不像 —— 新砦兽面纹与绿松石龙头 这一兽面面部的轮廓线、梭形眼、蒜头鼻子,甚至相同的三节鼻梁,都与绿松石龙形器的头部如出一辙!最具启发性的是从新砦兽面伸出的卷曲的须髯,让人联想到二里头龙形器头部托座上那一条条由龙头伸出的凹下的弧线,展现的也许是用绿松石难以表现的龙须或龙髯的形象,也许是某类神秘的云气纹

当然这一认识主要来源于以陶器为主的文化因素的比较。而陶器盖上的兽面纹与绿松石龙表现手法的高度一致，则从宗教信仰和意识形态上彰显了二者密切的亲缘关系。也可以说给绿松石龙找到了最直接的渊源与祖型。

诡异的兽面纹铜牌饰

嵌绿松石兽面纹铜牌饰，是一种极具二里头文化特色的艺术品，也属于礼器的范畴。以青铜铸出的圆角凹腰状的牌体正面弧凸，其上铸出兽面纹，再以细小的绿松石片镶嵌其中。目前已出土了3件，都是贵族墓的随葬品。这类器物一般出土于墓主人的胸腹部附近，两侧各有两个穿孔的纽，或许是缝于衣服上的。

兽面纹铜牌饰表现的究竟是何种动物，是龙，是虎，是鸟，是狐，是熊，还是犬，学者们众说纷纭，不一而足。[5]在大型绿松石龙形器发现之后，通过比较分析，可以知道嵌绿松石兽面纹铜牌饰上的图案，大部分应当是龙尤其是其头部的简化或抽象表现；其中一件铜牌饰上还装饰有鳞纹。而位于宫殿区内、最接近所在建筑的中轴线，且出土大型绿松石龙形器的3号墓的墓主人，其地位应当高于随葬铜牌饰的贵族。

值得注意的是，绿松石龙形器或嵌绿松石铜牌饰都与铜铃共出，随葬这两种重要器物的贵族，他们的身份很可能与其他贵族有异。那么，他们又是些什么人呢？是主持图腾神物祭祀的"御龙氏"，还是乘龙驾云、可以沟通天地的巫师？考古学家和历史学家有种种的看法，但也仅是猜测而已，这还是一个饶有趣味的待解之谜。

陶器上的龙形象

龙形象文物在二里头遗址中多有发现，除了大型绿松石龙形器、嵌绿松石兽面纹铜牌饰，还有陶塑龙（蛇）、刻划在陶器上的龙图像

二里头出土兽面纹铜牌饰 使用时,铜铃和铜牌应呈古铜色,与蓝绿色的绿松石交相辉映,可以想见牌饰和铜铃持有者的气派

海外所藏兽面纹铜牌饰 分散于英、美、日等国的多家著名博物馆、美术馆乃至私人收藏家,收藏有10余件类似的铜牌饰。经科学发掘出土的二里头铜牌饰,为这些牌饰的年代与文化归属等问题的研究提供了坚实的依据。有的学者甚至认为流散海外的这些铜牌饰中的相当一部分应当就是二里头遗址出土的

    1 美国纽约流散品　　　　2 日本美秀美术馆(Miho Museum)藏品

1 2 3 4　　3、4 美国哈佛大学赛克勒博物馆藏品

158　最早的中国

|1|2|
|3|4|

1 浮雕龙（蛇）纹的透底器　宫殿区以东出土的两件透底陶器的肩腹部，都立体雕塑有数条小蛇，呈昂首游动状，身上饰菱形花纹

2 鱼龙（蛇）纹大陶盆　宫城外侧出土的这件通体磨光、制作精致的大型陶盆，最引人注目之处是盆口内侧绕盆沿一周浮雕了一条或两条长蛇，昂首卷尾，生动逼真。蛇身上方的盆口上还阴刻了一周鱼纹，笔法相当写实

3 阴刻龙纹陶片　这条龙龙体呈弯曲游走状，线条纤细流畅。龙为梭形目，圆睛，龙身有外卷的鳍或鬃毛类装饰，近头部有爪，爪有四趾，弯钩锋利。在它的旁边还刻有一双首一身的蛇形龙纹

4 一首双身龙纹陶片　这件透底器上用粗阴线表现的龙则一首双身，其额头饰菱形纹，鼻吻凸出，也是梭目圆睛，与绿松石龙颇为相近。龙身自颈部开始分为左右伸展的双身，龙身细线阴刻不规则菱形花纹和双曲线。阴线内涂有朱砂，眼眶内则涂成翠绿色。龙身上下还饰有勾云纹和兔纹，线条飘逸圆润

文明气象——精神世界管窥　　159

以及陶器上图案化的龙纹装饰等。这些蛇纹装饰，有学者认为表现的就是龙的形象。祭祀遗存区一带还出土有陶塑龙头，额部刻菱形纹，应是某种器物上的装饰部件。

刻划于陶器上的龙图像，最生动的要算遗址中心区出土的两件陶透底器残片上的阴刻龙纹。类似的刻于陶器上的龙形象还有不少。

值得注意的是，上述龙形象大多饰于透底器上，这种器物造型奇异，广肩直腹平底，底部有中空的圆孔，因而可以肯定它们不是容器。在二里头遗址尚没有发现完整器，洛阳皂角树遗址二里头文化陶器中曾出土有类似的器形，其上部有高高的捉手。[6] 联系到这类器物器身常饰有龙（蛇）图案，它属于祭祀用器的可能性极大。

从出土地点看，这些装饰有龙形象的器物，基本上仅见于二里头遗址，且都发现于二里头都邑的宫殿区或其周围的重要地点，如祭祀遗存区、贵族墓地和官营作坊区等处。这表明龙形象器物为社会上层所专有，地位崇高。

从众龙并起到"饕餮"归一

中原地区龙山时代末期新砦文化刻于陶器盖上的"饕餮纹"，包括笔者在内的不少学者指出它与二里头文化的龙形象有着直接的渊源关系，已如前述；陶寺文化绘于陶盘上的彩绘蛇形蟠龙纹，早已享誉中外，也有学者指出其形态特征与二里头文化的同类龙纹相类。而玉柄形器和铜牌饰所见兽面纹，应与山东地区的龙山文化、长江中游的肖家屋脊文化（后石家河文化）的神祖面纹有关，其渊源甚至可上溯至东南沿海地区的良渚文化。[7]

显然，二里头文化所见以龙为主的神秘动物形象较此前的龙山时代诸文化要复杂得多，龙的形象也被增添了更多想象或虚拟的成分，呈现出多个系统的文化因素整合的态势。这类由其他区域引进的信仰与祭祀方式，有可能暗示了与上述史前文化相同的神权崇拜理念被吸

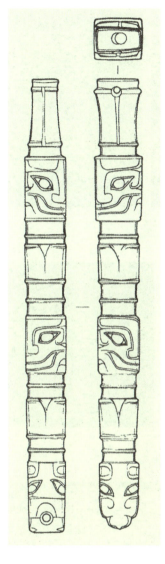

刻纹柄形器纹饰

纳进来,成为二里头贵族精神世界的一部分。这种现象,也从一个侧面反映了二里头作为大型移民城市,乃至跨地域的广域王权国家——中国最早的王朝都城的兴起过程。

不少学者把二里头出土的龙形象文物,与文献中种种关于夏人龙崇拜的记载联系在一起考察。但龙作为后来中华民族神圣的图腾,在其出现的早期阶段并不专属于某一族系,其后的商王朝社会生活中的龙形象愈益兴盛。因此,尽管文献中有不少夏人与龙关系密切的记载,但它们的出土还是无法让我们把二里头文化与夏文化直接挂上钩。

众所周知,盛行于商周时代青铜器上的主题纹样,长期以来被称为"饕餮纹"。但也有不少学者质疑这种铸于国家重要祭器上的纹样是否就是以狞厉、贪婪著称的怪兽"饕餮",因而以较为平实的"兽面纹"一词取而代之。更有学者指出这些纹样主题的大部分,应即龙纹。[8] 随着早期王朝的社会文化整合,逐渐臻于全盛,本来具有多源性特征的龙形象也规范划一,并逐渐抽象化和神秘化,作为"饕餮纹"固定下来,成为最重要的装饰主题。而以嵌绿松石铜牌饰为代表的二里头所见兽面纹,开创了商周青铜器上兽面母题的先河。

另外,二里头遗址出土的陶大口尊和漆器上还见有兽面纹和几何纹等纹样组成的花纹带,与作为二里岗至殷墟期青铜器上的兽面

文明气象——精神世界管窥

纹相近，应属于图案化的龙纹。换言之，以青铜器为主的商王朝贵族用器的纹样主题，有许多可以在二里头文化中找到祖型。

1	2
3	4
5	6

良渚、海岱龙山、二里头、二里岗、殷墟文化兽面纹比较

1 良渚文化玉牌饰　　　　　　2 海岱龙山文化玉圭纹饰　　　　3 二里头嵌绿松石铜牌饰
4 二里头陶器上的龙形象　　　 5 二里岗文化铜构件　　　　　　6 殷墟文化铜器装饰

可以显见，二里头正处在龙形象由"多元"走向"一体"的奠基与转折的关键时期。前所述及的二里头龙形象的诸多要素如整体面部特征、梭形目（或称臣形目）、额上的菱形装饰、龙身的连续鳞纹和菱形纹乃至一首双身的形体特征等，都为二里岗至殷墟期商王朝文化所继承并进一步发展

文明气象——精神世界管窥　163

巧夺天工

官营手工业的高度

宫城旁的工城："国家高科技产业基地"

前已述及，在宫殿区以南，还发现一处始建于二里头文化早期的大型围垣设施。目前已查明其北半部的围墙。

就已发现的情况而言，这一围垣设施规模巨大，宽度应与宫城一致，因此已不能用院落来形容它。在其北墙以内发现了制造绿松石器的作坊，其南又分布着铸铜作坊。尽管我们还没有找到它的西墙和南墙，但从墙垣的走向和遗迹分布情况看，夯土围墙很可能将南部的铸铜作坊也全部围起。这一区域紧邻宫殿区，产品及其生产都为王室贵族所垄断，其性质应属官营作坊区，是当时的"国家高科技产业基地"。有学者将其称为与二里头宫城并列的"工城"，[1] 确是言简意赅。这是迄今所知中国最早的官营手工业作坊。

在围垣作坊区的西北部，曾发现一座规模较大的平台。在"工城"围墙发现之前，学者们多认为这一位于1号宫殿以南的大平台应当与1号宫殿的祭祀宴饮活动有关。现在看来，它应是与官营作坊区内的相关活动有关。平台呈长方形，东西长14米，南北宽7米，面积约100平方米。上面有人工构筑的地面，平台上分布着9个灶坑，灶坑

官营作坊区的围墙　这一围垣设施的东墙与宫城东墙呈一直线，已知长度达80余米；北墙与宫城南墙隔路相望，已确认长度160余米。墙宽1米余。至二里头文化末期，北墙中西段又加以增筑，墙宽达2米左右，夯筑质量极佳

经反复使用，灶内还残留有较多被烧过的兽骨。如此众多的烧灶集中在一起，应与大规模的集体宴饮甚至共同的祭祀活动有关。值得注意的是，前述两件刻划龙纹的陶透底器残片就出土于这一区域。

最早的官营铸铜作坊

在官营作坊区南部靠近古伊洛河的高地上，发现并发掘了一处大型青铜器冶铸作坊遗址。遗址的面积约1.5万—2万平方米，使用时间自二里头文化早期直至最末期。这是迄今所知中国最早的青铜器铸造作坊。

有学者推测，统治者把铸铜作坊安排在都邑中心区的最南部，一则是因为这里靠近伊洛河故道，可以为青铜器生产提供充足的水源；二则可以避免冶铸行为对宫殿区造成的污染。

遗迹主要包括浇铸工场、陶范烘烤工房和陶窑等。浇铸工场还发现若干墓葬，死者可能是铸铜工匠，或铸器过程中举行某种仪式的牺牲。作坊遗址内发现的与青铜冶铸有关的遗物有陶范、石范、坩埚（用耐火材料做的熔化器皿）、炉壁、炼渣、铜矿石、铅片、木炭和小件铜器。数量最多的是陶范，多为铸器后废弃的破碎外范，其内表光洁，有的还有兽面纹等花纹。从残范的内壁看，所铸铜器多为圆形，直径最大者可达30厘米以上。

动物纹陶范 这件陶外范的内壁上刻有动物纹，有学者认为应是龙的形象，龙口大张，尖齿外露，前肢粗短，有利爪。到目前为止，我们还没有在二里头文化的青铜器上发现动物的形象，因此，不管它是不是龙纹，这件陶范所折射的青铜器装饰风格的信息都是极为重要的

二里头遗址的铸铜作坊规模庞大、结构复杂且长期使用。综合已有的资料，可知在二里头时代能够铸造青铜礼器的作坊仅此一处。有证据表明，在二里头都邑衰微后，这处在当时唯一能够制作礼器的铸铜作坊应被迁于郑州商城，在其后

的二里岗时代，国家的统治者仍然保持着对青铜礼器的独占。这种对关涉国家命脉的礼器生产与消费的绝对占有，显示了早期国家对礼制的一元化管理以及权力中心的唯一性。

礼制需求刺激冶铸业"黑马"跃起

人工合金技术的掌握，是人类文明史上的重大突破。在东亚大陆，铸铜技术及铜器的使用可上溯到仰韶-龙山时代，主要分布于黄河流域及其邻近地区，所见只有刀、锥之类小型工具和装饰品等。从更广阔的时空角度看，西亚及中亚地区在更早的阶段即已掌握了青铜器制造技术，东亚大陆的早期铜器也以与其邻近的西北甘青地区及新疆东部较为集中，且年代较早，黄河中游和下游地区铜器的出现要晚到龙山时代。鉴于此，大部分学者认为东亚地区的青铜和纯铜制造技术，应是通过欧亚大陆的文化交流自西向东传播而来。[2] 现在看来，这种可能性是很大的。

但上述青铜器制造技术，限于锻造或石范铸造的范畴，这也就决定了这类青铜文化的主人只能制作一些简单工具、兵器、小件乐器和装饰品等。这与始见于二里头时代，用泥（陶）质复合范制造复杂的青铜容器的高度铸造技术形成鲜明的对比。因此很少有学者怀疑，这种高度发达的铸造技术，是诞生于中原这块热土的。至少从二里头文化早期开始，在二里头都邑的铸铜作坊，石范这种有很大局限性的模具开始淡出，而工艺上极具灵活性、技术含量高的泥（陶）范模具被创造出来。这一变化极大地提升了中原地区金属冶铸业的水平。

有学者指出，从社会需求的角度考虑，这种新工艺在很大程度上是为了迎合和满足社会上层对某些专门礼仪用具的需求而创新的技术。换言之，以礼乐文化为内核的礼制的需要是以青铜容器和兵器为代表的青铜礼器出现的原动力。随着一系列"高科技"的出现，二里头文化在铸造技术上将其他地区远远地甩在了身后，一跃而跻身于当时世界金属铸造业的前列,并为日后商周青铜文明的高度发达打下了坚实的基础。

独特而复杂的青铜工艺

在中国以外的世界其他地区,青铜时代的大多数器物是用锤揲法锻造或用失蜡法铸造而成的。二里头文化青铜容器的铸造,需要内范和外范合成的复合范。即在泥质阴文范中放入型芯,再将铜汁灌入外范与型芯之间的空隙。只是到了这一阶段,中国青铜时代才真正发端,显现出原创性与独特性。在世界青铜器文化中,中国古代青铜容器的铸造堪称一枝奇葩。

二里头遗址已发现的青铜器逾250件,包括容器、兵器、乐器、礼仪性饰品和工具等。青铜容器有爵、斝、盉、鼎,兵器有戈、钺、斧、刀、镞等,响器(乐器?)有铃,礼仪性饰品有嵌绿松石兽面纹牌饰、圆形牌饰,工具则有锛、凿、刀、锥和鱼钩等。其中青铜容器,是迄今为止所发现的中国最早的成组青铜礼器。以容器为主的器群特征,与长城地带及邻近地区盛行青铜武器和装饰品的风格迥然有异。

这些青铜器属于铜与锡、铅的合金。铜器造型已比较复杂,需要由多块内、外范拼合才能铸出整器。器壁一般很薄,装饰有各种花纹以及镂空,因此内、外范的制作与拼合,更具难度。这种合范铸造技术的出现在中国金属冶铸史上具有划时代的意义。兽面纹铜牌饰和圆形牌饰上用绿松石镶嵌成动物或几何图案,显示出极高的工艺水平。

德国著名汉学家雷德侯教授指出,用分为多块的外范合围成反转

二里头出土的青铜工具

的形体，要求创造一种规范化的体系。器范的尺寸、形状、纹饰都要相互关联。在青铜时代，世界上其他地区都没有发明出这种将设计与铸造工艺融为一体的完整成熟的体系。而标准化、协作性和可预见性是这种生产体系的基本特征。[3] 复杂的技术与工序，造就了中国青铜器制造过程中高超的控制与管理水平。

总体上看，二里头文化的青铜冶铸技术虽较龙山时代有了突飞猛进的发展，但仍有一定的原始性。这时的器物一般还较轻薄，体量也较小，最高的也不足30厘米。铜器铸成后往往也不经仔细打磨和清理。器表多为素面，仅见有较为简单的几何花纹如乳丁纹、圆圈纹和网格纹等。合金比例的掌握也还处于较原始的阶段。

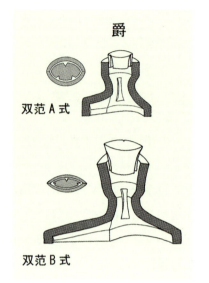

青铜容器铸造的复合范技术[4] 铸造一件铜爵，至少需要1件内模和2—3件外范

但可不要小瞧了这群青铜器，它们虽其貌不扬，却开启了中国青铜时代的先河。可以说，没有作为"先祖"的二里头青铜器，也就没有殷墟妇好墓青铜器的洋洋大观和司母戊大方鼎的雄浑霸气，没有其后中国青铜文明的鼎盛与辉煌！

陶方鼎透露出的惊人信息

在二里头遗址出土有数件小型陶方鼎。它们都是口稍大于底，方体深腹，四足。其中一件还饰有弦纹和曲折纹，并有铆钉形的装饰。这与郑州商城出土的二里岗期大型铜方鼎在形制上非常相近。它本身可能是模型或玩具，但这种有悖于快轮制陶原则的造型，最大的可能是在模仿铜方鼎。[5] 那么我们也就有理由相信这一时期应当已经有铜

二里头陶方鼎（左、中）和郑州铜方鼎（右）在中国青铜时代的礼器群中，方形器的规格要高于圆形器。相信在二里头遗址今后的发掘中，可能还会有包括方鼎在内的更令人惊叹的青铜精品出土

方鼎存在了。

在铸铜作坊发现的容器陶范中，有的还刻着精美的花纹；所铸圆形铜器直径最大者可达30厘米以上。这都是我们在目前出土的铜器中还没有看到的。如前所述，出土这些青铜礼器的墓葬的规模都不大，我们也没有发现王陵级的大墓。因而，可以相信二里头文化青铜铸造技术的发达程度，远较我们现在知道的高得多。

承上启下的治玉技术

玉器和玉文化的兴盛，是中国古代文明的一大特征，古代中国也因此而被称为"玉的国度"。敬玉和爱玉，成了玉石工业发展的内在动力。在数千年的实践中，先民们摸索出了一系列的治玉经验，形成了高度发达的治玉传统。据研究，玉石原料的开片技术，就包含了线切割、片切割和砣切割三种技术手段。其中线切割和片切割技术，最早出现于距今9000—8000多年前东北地区的小南山和兴隆洼文化。

在王朝礼制整合的过程中，二里头文化选择了海岱地区起源的大型有刃玉礼器群，它们与以琮、璧、璜等为代表的良渚系玉器形成较为鲜明的对比。从治玉技术上看，二里头文化也同时继承了兴盛于龙

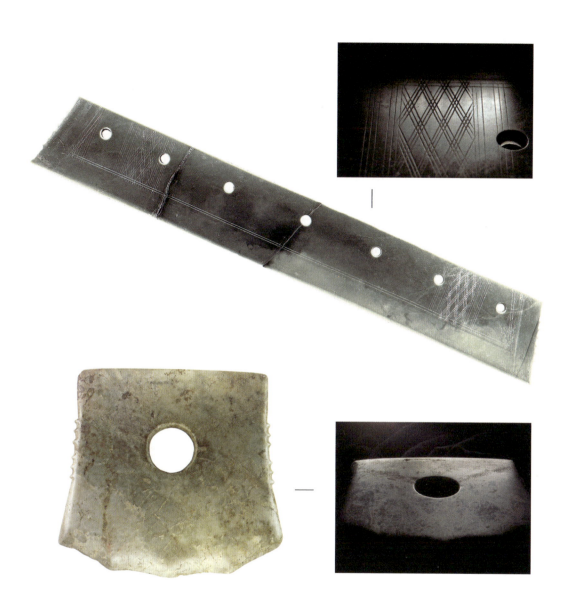

二里头文化玉石器集萃
大型、片状、有刃,以及制作意念的复杂化,构成了二里头文化玉器的主体风格

1 圭
2 牙璋
1 2 | 3 | 3 刀
　　 | 4 | 4 戚

巧夺天工——官营手工业的高度

山时代海岱地区的片切割工艺，而有别于达到线切割技术高峰的良渚文化的治玉风格。[6]

二里头遗址出土的玉器以礼器和装饰品为主，其种类主要有刀、牙璋、钺、璧戚、圭、戈、柄形器和铃舌等，其中不乏大型器和雕刻有精美花纹的玉器。贵族墓中出土的大型刀长达60多厘米，牙璋器高在50厘米左右，戈也长达40多厘米。这些大型玉石器，气势恢宏，前所未见。以片切割技术剖割巨大玉料和使大型玉石器规整、光洁，以及线刻花纹、钻孔镶嵌和扉齿等装饰，都需要相当高的工艺水平。而前述贵族墓中出土的分节兽面花瓣纹玉柄形器，综合了研磨切削、勾线、阴刻、阳刻浮雕，钻孔、抛光等多种技法，工艺极其精湛。正是治玉技术所达到的如此高度，奠定了日后中国玉器文化走向辉煌的坚实基础。

> **玉石器的切割技术**
>
> 线切割是指以动植物性纤维制成柔软的绳子，带动细砂和水在玉石器上往复运动，分割玉石器。如果以片状硬工具加以切割，则称为片切割。砣切割更用上了机械装置。

绿松石制品及作坊的发现

绿松石，一般以蓝、绿两色为基调，有蜡状光泽。因色彩艳丽，古今中外多被用作装饰品。在学术界，绿松石一直被作为文化意义上的"玉"而受到关注。在二里头时代，它也的确与玉器一样，作为高端消费品为贵族阶层所使用，具有身份象征的意义。

二里头遗址绿松石制品可以分为两大类，其一是小型管、珠之类的人体装饰品，如耳饰和项饰等；其二是用于玉器、漆木器和铜器上的镶嵌。镶嵌绿松石使得这些贵族奢侈品作为礼器的功能得到进一步的增强。即使是装饰用的绿松石制品，在二里头文化中也仅见于贵族墓，而与殷墟时期普通人即可随意佩戴绿松石饰品的情况有所不同。可见在二里头时代，无论是技术含量较高的各类镶嵌制品，还是工艺相对简单的装饰品，绿松石制品的使用范围只限于贵族阶层。

新世纪之初，我们又在宫殿区以南的官营作坊区内发现了一处绿松石器制造作坊，发掘了一处二里头文化晚期的绿松石料坑。料坑内出土绿松石块粒达数千枚，相当一部分带有切割琢磨的痕迹，包括绿松石原料、毛坯、破损品和废料。经钻探发掘知，料坑附近及以南不小于1000平方米的范围内集中见有绿松石料。由此推测，这里应是一处绿松石器制造作坊。从现有出土遗物看，该作坊的主要产品是绿松石管、珠及嵌片之类的装饰品。

值得注意的是，这处绿松石器作坊紧邻宫殿区，在其南的铸铜作坊一带以及宫城内的某些区域也发现有小件绿松石成品、半成品、石

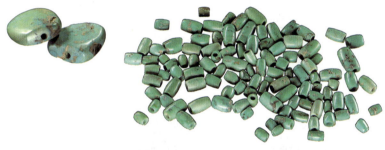

绿松石成品及作坊区出土的绿松石料　这批石料，提供了绿松石器工艺分析的绝好标本，可以从中获知原石开采后从打击劈裂、切割、研磨到穿孔、抛光、镶嵌和拼合等一系列的技术细节和工艺流程

料和废料等，有可能还存在着其他的绿松石作坊。这些情况都表明绿松石器的生产可能是在王室的直接控制下进行的。

高超的绿松石镶嵌工艺

在骨器、象牙器和玉器上镶嵌绿松石的技法，在黄河下游的大汶口-龙山文化中就较为流行；在玉器上镶嵌绿松石的做法，也见于晋南地区的陶寺文化。上述两地也都发现了拼嵌或粘嵌绿松石于有机质物品之上的线索。二里头文化不仅有镶嵌绿松石的玉器，更有镶嵌绿

镶嵌绿松石的圆形铜牌饰及其X光照片　左边这件铜器正面周缘镶嵌着61块长方形绿松石片，形似钟表刻度，中间用绿松石片镶嵌成两周共26个"十"字形图案。该器出土时为六层纺织品所包裹

松石的铜器和粘嵌在漆木类有机质托架上的大型绿松石龙形器,工艺精湛,已如前述。从其表现主题和技术传统上看,可能更多地继承了黄河下游龙山文化的作风。

二里头遗址贵族墓中出土了多件圆形铜牌饰,大多镶嵌着绿松石。这类器物,有的学者认为属于早期铜镜,有的认为可能是与占日或律历有关的"星盘",或为某种法器,似以彰显墓主人身份地位的特殊礼器的推测更切实际。[7]

前文述及遗址上出土的3件圆角长方形铜牌饰,分别用200—300片形状各异的绿松石,镶拼成兽面纹的图案,向人们展示了二里头时代高超的玉石工艺水平。那些小小的绿松石片,被切割成各种形状,长宽只有几毫米,厚仅1—2毫米,且抛磨光洁,殊为不易。其中一件只有铜铸的兽形框架,绿松石片原应是粘嵌在有机质的背托上,出土时背托已腐朽无存,而绿松石片尚原样未动地悬空排列在铜牌上,保持着原来的图案。前述大型绿松石龙形器所用绿松石片,较铜牌饰所用石片更小,且背托为立体,多有精细的凹凸之处,其粘贴镶嵌技术之高超,则更令人叹为观止。

镶嵌绿松石的铜牌饰

作为社会上层身份地位标志的特殊绿松石镶嵌制品,在龙山时代还见于城址或大型聚落,但到了二里头时代,却只见于二里头都邑。其他同时期遗址,即便是具有相当规模的聚落和城址,都仅有少量制作简单的小型绿松石饰品。象征社会等级的奢侈品的生产与消费集中于二里头遗址,反映了二里头都邑核心化程度急剧增强的趋势。

漆器：另一重要的礼器品类

顾名思义，漆器是用漆涂在器物表面制成的物品。东亚大陆使用漆器的历史，至少可以上溯到距今7000多年以前。龙山时代黄河和长江流域的考古学文化中，都有漆器出土。由于北方土壤干燥而偏碱性，所以漆器的保存状况往往较差。

二里头文化的漆器主要出土于二里头遗址的墓葬中，已发现了数十件。其中器形明确者以觚最多，另外还有匜、豆、盒、钵、匕、勺、瓢状器，以及漆鼓和漆棺。漆器上髹红、黑、褐、白四色漆，而以红色最为多见。

出土漆器的10余座墓葬，绝大部分是规格较高的墓。漆器一般与铜、玉、陶礼器等共存，且数量和器类组合一般与墓葬等级相对应。作为酒器的漆觚，多与铜（陶）爵、陶盉相配，形成完整的礼器组合。有的漆觚在朱红地上饰有赭色"饕餮纹"，图案繁复，线条流畅，色彩艳丽。

墓葬出土漆器的起取　因仅残存漆皮，漆器的起取、清理和保护颇为不易

圆陶片与漆觚的神秘关联

说到漆觚,我们再聊聊一种有趣的现象。在历年清理的二里头遗址墓葬中,除了成组的陶质容器外,还经常出土圆陶片。这些圆陶片由器底或陶片磨成,大部分留有纹饰和内壁的麻点,并不十分精致,但表面往往涂红。其直径多在3厘米余,大者为5.3—7.3厘米。

20世纪80—90年代,发掘者和研究者已注意到二里头文化的墓葬中规格较高者往往伴出圆陶片这种小物件。小型墓偏重的均为日用盛食器,贵族墓则突出各种质料的礼器和圆陶片,这是个非常值得重视的现象。随后的系统研究表明,二里头文化墓葬中"圆陶片的数量一般与墓葬随葬品的丰富程度成正比";到了二里头文化晚期,"圆陶片基本成为铜器墓必出的器物,而且其数量多寡一般与随葬品的丰富程度和墓葬等级高低有着对应关系","因此圆陶片数量的多寡可能代表着铜器墓内部等级的区分";但"圆陶片主要是一种身份象征物,很难界定为礼器"。[8]

一种与墓室规模、铜玉礼器等同为墓葬等级划分标志物的随葬品,又"很难界定为礼器",这是非常不合情理的。一种普通陶容器残片的简单改制品,如何能成为"身份象征物"?显然,这种不起眼的"小件"不应是以独立的身份而出现的,它是否有可能与铃舌一样,属于

圆陶片及其出土状况

某种高等级器物的附件或组成部分？多年来对二里头文化墓葬的发掘与研究，都没能给出令人满意的答案。

出土绿松石龙形器的3号墓的发现，为圆陶片功用问题的探索提供了重要的线索。我们在发掘简报中描述到：漆器种类和数量较多，见于墓内四周，而以近东壁处最为集中，有的漆器如觚的底部垫有一枚圆陶片。已有学者注意到这一信息并加以分析："值得注意的是，M3为了以漆成形带圈足的觚，圈足部分必须以陶器成形，显出以漆、陶合作，以罕见材质成形特有漆类的努力。"[9]

梳理既往圆陶片出土情况的材料，我们注意到，圆陶片与漆器的关联性，早有蛛丝马迹。在出有圆陶片的22座墓中，有10座出土了漆器，其中又有半数确认有漆觚。其余12座未发现漆器的墓葬，大多遭到不同程度的破坏，提供的信息不全。报告和简报中所谓圆陶片大多"涂硃（朱）""表面粘有朱砂""有朱砂红痕迹""大部分一面涂一层红彩"，或与漆器的表面着色有关。

这些圆陶片在墓葬中往往分布范围较为集中。1987年发掘的一座墓中出土的5件圆陶片，有3件靠近墓室东壁，而恰恰"在墓坑的东壁上发现朱红漆皮，形似觚"。同时，未见摆放一起的现象，在比

二里头墓葬出土漆器

较明确的描述和墓葬平面图中可以看出均单置各处。如果说圆陶片的性质可能与单件的某类漆器相对应或者就是某类漆器成形的组成部分，墓葬中的圆陶片不应该摞放在一起，而且彼此之间当有一定的间隔。从目前的考古发现来看，上述推断至少与考古现象并无矛盾处，而且可以看出圆陶片确实与漆器尤其是觚有一定的关联性。[10]

本书"国之大事"一章曾提到严志斌研究员推断玉柄形器应是榫接于木棒上置于酒器觚中以裸酒，而玉柄形器和漆觚、圆陶片往往共出。他进而指出夏商周时期墓葬中常见的圆陶片（陶圆饼）是制作漆觚时用来堵塞剜制过程中形成的孔腔使用的隔断。因圆陶片便于保存，可以将它视为漆觚的标示物来判断漆觚存在，从而重估墓葬随葬品的组合。[11] 上挂下联，问题进一步明晰起来，这是考古"探案"的一个佳例。

精制陶器、白陶与原始瓷

中国古代的陶器，从陶色上可以分为红陶、黑陶、灰陶和白陶等。无论哪类陶器都需要放入窑内，在 1000℃ 左右的高温下烧制而成。在最后的阶段将窑温缓慢降下，胎土中所含铁的成分氧化可以烧成红陶；将陶窑加以密封从而阻止氧气外泄，铁被还原，就烧成了灰陶；用一定的方式渗碳，则可以烧成黑陶。

与上述三种用普通黏土烧成的陶器不同，白陶是用富含氧化铝而铁的成分较少的高岭土（或瓷土）烧制而成。高岭土中铁的成分越少，器物越显得白净，因而成为日后陶瓷器的原料，备受青睐。二里头所在的洛阳盆地以东的巩义，就是高岭土的重要产地，著名的唐三彩的原料即开采于此，二里头的白陶所用高岭土很可能也来自巩义。

二里头陶器以酒器和食器的制作最为精致，它们往往被随葬于贵族墓中，成为显示身份与地位的礼器群的组成部分。作为酒礼器的陶鬶，流行用白陶制作，因含铁量不同，有的色微泛红或泛黄，器壁厚薄均匀，造型规整优雅。陶盉顶部利用流、口和泥钉，做成兽面的样

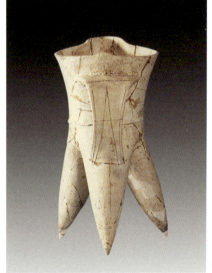

二里头文化陶器撷英

二里头遗址出土的陶器数量巨大，种类繁多，已复原者数千件。大体可分为酒器、食器、炊器、盛贮器、汲水器、食品加工器和杂器数种。陶器装饰运用了磨光、滚压、拍印、刻划、堆塑等手法

二里头出土的原始瓷器 二里头文化的这类器物已经基本具备或至少接近了瓷器产生的三大主要条件：瓷土作胎，表面施高温钙釉，烧造温度为1200℃

子，颇具艺术性。陶爵一般胎薄体轻，流、尾修长，器壁经反复刮削，腹部刻划纹饰。此外还有一些尊、壶类器具，也做工精致，造型优美。

值得一提的是，二里头遗址还发现了少量相当于二里头文化早期的印纹硬陶和原始瓷残片，它们基本上仅见于作为酒器的长流平底盉（也称"象鼻盉"）一种器形。薄胎呈紫褐色或青灰色，坚硬致密，吸水性弱；器表往往施透明釉。器身饰弦纹和云雷纹等拍印的几何花纹。该类器物中子活化分析显示胎土成分与白陶相近，是研究由陶向瓷转化过程的重要标本。

中国以"瓷的国度"而著称，英文的"瓷器"即因产于中国而称为china。在"最早的中国"二里头，发现了最早的原始瓷器，确是一件饶有兴味的事。

前述的连续几何形印纹装饰，也往往见于一些精制陶器如尊、罐类器。这类装饰数量少，集中出土于二里头遗址和等级较高的聚落如荥阳大师姑城址等。其中云雷纹最为学界所关注。这类纹饰制作精致，沿用时间长，更重要的是它们同其后商周青铜器上的云雷纹之间有着清晰的渊源关系。

铜铃上的纺织品印痕

丝麻溢采：纺织品的发现

在二里头时代以前，纺织品已有较悠久的历史。

二里头遗址屡屡发现纺织品的实物或痕迹，主要见于贵族墓中出土的铜器和玉器上，由此可知当时有用纺织品包裹铜、玉器下葬的习俗，最多的包有6层纺织品，厚达数毫米。

据鉴定，这些纺织品绝大部分是平纹织物（绢），个别织物是斜纹，似为"绞经"织法。组织纤维较粗的可能为麻布，较细的应属丝织品。麻布每平方厘米的经纬线在8根×8根至10根×10根之间，丝织品每平方厘米的经纬线有30—50根。

城市民生

经济生活举隅

"五谷"齐备

农业经济的发展是古代文明形成的必要前提之一。在东亚大陆多元的农业体系中,以粟和黍两种小米为主的旱地农业是中原地区的主要生业。粟富含蛋白质和脂肪,且易于消化。在现代中国北方,妇女怀孕生产期间,以及人们每天的早餐,都还经常喝小米粥。黍(脱壳后称黄米)有黏性,营养价值高,在中国古代多用于酿酒。粟和黍也是二里头时代最主要的两种农作物。

在包括二里头遗址在内的中原地区多个遗址的二里头时代堆积中发现了水稻、小麦和大豆。其中二里头遗址炭化稻谷的数量约占出土农作物总数的三分之一,仅次于炭化粟粒的数量,说明稻谷在当时人们生活中的地位日益重要。小麦可能是由西亚经中亚传入中国的,在龙山时代的黄河流域即有发现,二里头时代则已传入中原地区的核心

| 1 | 2 |
| 3 | 4 |

1 陶器上的农作物图像
2 石斧
3 石镰
4 石刀

二里头陶器上的农作物图像与农具 二里头遗址出土的谷物收割工具有石刀、石镰和蚌镰等,未见铜制农具。可见在王都还生活着不少从事农业生产的农民

二里头出土的"五谷" 中原地区到了二里头时代，后世所谓的"五谷"——粟、黍、稻、麦、豆已基本齐备

小麦

大豆

水稻

粟

黍

地带。野生大豆在公元前6000多年的河南舞阳贾湖遗址就有发现，到二里头时代，已经历了数千年的栽培驯化。大豆等豆科植物，这时应已成为粟、黍以外的另一主要栽培作物。[1]

多品种农作物种植制度的意义不仅在于提高农业的总体产量，而且还能够降低单系粮食种植的风险系数，是古代农业发展水平的一个重要标志。有的学者甚至认为这时已能够在同一块耕地上加以轮作。

家畜饲养与渔猎

遗址出土的动物种属鉴定表明，二里头人获取的肉食资源以家畜为主，其中家猪一直占大宗，绵羊和黄牛从早期到晚期有大致增多的趋势，狗则始终保持着一定的比例。其中，家犬和家猪的饲养可以上溯到公元前六七千年前，而中原地区家养黄牛和绵羊的起源时间则大致为公元前2500—前2000年。由于公元前3000年以前甘青地区的史前文化遗址里已发现了家养的绵羊，因此家养绵羊随后出现在中原地区，很可能与文化的传播有关。[2]

考虑到家养黄牛和绵羊在当时和日后的宗教活动中扮演着重要的角色，人们为何驯养这两种动物就十分耐人寻味。在龙山时代的遗址中就发现有将数头牛整齐摆放、将绵羊捆绑后埋葬的现象。这些很可能都是与宗教相关的活动留下的遗迹。在二里头时代的遗址中，也发现有在兽坑内埋葬多头完整牛、羊的情况，或与祭祀有关。此后的二里岗时期，用牛和羊祭祀的实例时有发现。到了商代晚期，牛和羊成了祭祀活动中使用的主要动物，甚至被赋予了区分王与卿大夫在祭礼中的等级地位的作用。

二里头的动物埋葬

烹调用器看庖厨

粟、黍和稻等作物，都需要

| 1 | 3 | 4 |
| 2 | | |

1 埋入祭祀坑的黄牛
2 贵族墓中的猪蹄
3 陶网坠
4 骨镞

二里头的渔猎工具 二里头遗址出土有不少铜、骨箭头,既可充作兵器,也可用于狩猎。此外还发现捕鱼用的骨、蚌、铜质鱼钩,骨鱼镖和陶网坠等,表明都邑的居民还在郊外从事一定的渔猎活动。遗址中大量野生动物骨骸的发现也印证了这一点

脱粒和精碾,然后将粒状的米或煮或蒸,才能食用。与小麦加工成粉状然后做成面包、馒头、面条等"面食"不同,它是呈粒状时就被直接做成米饭或粥,所以称为"粒食"。用于蒸煮的器具是陶器。

为提高烹调用器的耐火性,要在胎土中羼入砂粒,考古学上称这类器物为夹砂陶,基本上可以看作炊器的代名词。炊器一般要做得薄些,以便热量传导。由于每天都要使用,所以炊器比盛物用的食器或盛贮器皿更易于破碎,因此生产量比较大。在二里头遗址,炊器占出土陶器的三分之一甚至二分之一左右。

日本学者冈村秀典教授对二里头文化的炊食器有较深入的研究,这里列举一下他的分析。

二里头文化的炊器主要是圜底罐和鼎。罐在从当地龙山文化发展而来的过程中,由平底变为圜底。圜底罐底部陶胎变薄,热传导效能高,但无法放置于平面,因此一般要与灶配合使用。灶内置罐,其下以火加热,这与从罐的侧面加热的方法相比,热能的传导速度和利用率都有大幅度的提高。这种圜底罐在二里岗文化时期得到了继承,但逐渐小型化,不久即为容量更小的鬲所取代。现代人类学的研究结果表明,随着肉类等副食的不断丰富,人类主食的消费量反而减少。随着文明化的进程,上古先民的饮食生活得到改善,有可能是导致炊器变小的重要原因。[3]

二里头的蒸煮器与刻槽盆　在二里头时代，以米加水进行蒸煮的陶炊器，主要是罐、鼎和鬲三种。罐或放于地面之上，在周围点火；或放在支脚或灶上，其下受火加热。制作时如在罐下安上实心的三足就成为鼎，三足为空心袋状的炊器则称为鬲。蒸食物的盆形陶器甑底部有孔，可以放在罐或鬲上使用。

1	2	
3	4	
5		

1　深腹罐
2　鼎
3　鬲
4　刻槽盆
5　甑

拥有三个袋形足的鬲，最早出现于龙山时代的黄土高原，随后向周边地域扩散。进入二里头时代，鬲在黄河以北的晋南（东下冯文化）和豫北冀南（下七垣文化）地区较为盛行。在二里头文化的核心区域，除了少量输入品外，基本上不用鬲。因此，学术界有一种观点认为，用罐、鼎和用鬲两种不同的炊事习惯，可以把夏人和其他族群区分开来。二里岗文化的鬲继承了下七垣文化同类器的形制，随着商人灭夏、商王朝的势力范围不断扩大，鬲的使用在空间上也大范围地扩展，成为最具中国特色的炊器。[4]

蒸食物用的甑与公元前3000年左右中国各地的酒器大体同时盛行，因此有学者推测它可能是用来蒸酿酒用的米。中原龙山文化甑的底部有许多小孔，二里头文化继承了其形制，但底部一般仅有3—5个较大的孔。孔的数量由早期至晚期逐渐减少。为避免米从孔中流下，甑底还应当铺有竹木编的屉帘。

另外还应提到一种粮食加工工具——刻槽盆。这种器物呈钵形，口沿上大多有流。内壁刻有沟槽，往往呈放射线状。可以将芋头或红薯等块根类食物磨碎食用。这种器物也继承自中原龙山文化，多见于黄河以南地区，到二里岗文化时期，由于饮食生活的变化而衰落。

盛食用器看吃法

吃喝行为都属"进口"活动，因此饮、食用器也应当一起谈才是。饮器尤其是其中居于大宗的酒器，在前文我们讲了不少，这里就不赘述了。二里头都邑的人进餐时，盛饭菜的器皿有盆、盘和豆等，都用质地细密的黏土制成，表面经过精心打磨。与烹调用器一样，二里头这类器具大多由当地龙山文化的同类器演化而来。

在中国，桌椅的使用要晚到唐代以后，此前进餐都是席地而坐。筷子的普及是汉代以后的事，汉代以前则以手进食。食物和器皿分别使用的分餐制也是汉代以后才出现的，所以在家都是全家一起吃饭，所用食器也与此相应。《礼记·曲礼上》言及共餐时用一个大器皿盛菜肴大家分食,教人用手抓饭时手指要并拢以防米粒掉下,吃肉干时不能用牙撕咬,等等。以现在的感觉看,虽吃相有些不雅,但大家一团和气,由此可以想见那时进餐时的有趣景象。[5]

盆分为深腹圜底和浅腹平底两种,形体都较大,口径在30厘米左右。像今天中国菜使用的大盘一样,当时也应当是全家共享的餐具。也有口径在10厘米多的小盆,但出土数量较少,与其说是分餐时各人用的餐具,更可能是用来盛小菜的公用器皿。

二里头文化中富有特色的三足盘(或称三足皿),应源于山东龙山文化,到二里岗文化时期则基本不见。这种器物也是以口径30厘米左右的大型器居多,大概也是公用器皿。

豆在新石器时代的山东大汶口文化和长江中游的大溪文化中即已出现,龙山时代则见于众多的区域。"豆"的字形应当是仿豆这类器物的正面形状,古典文献中有在木质的豆中装上供品献祭于神的记载。二里头时代盛行喇叭状高柄豆,到了二里岗文化时期,器形变小,以粗矮柄豆为主。

二里头文化墓葬中,随葬品均为实用器,一般不随葬烹调用器,但常见饮食用器。随葬品中豆的出土频率最高,应与豆用于祭祀等特

二里头的盛食用具　随葬品的组合情况,或许反映了日常生活用器的组合

1　豆
2　三足盘
3　一座贵族墓随葬的陶器"全家福"

殊场合有关。在二里头文化墓葬中,豆、盆的组合较为多见,也有豆、三足盘,或豆、盆、三足盘的组合。各种器物一般只有一件,最多两件。

二里头人喜食"烧烤"

大家知道,在几十万年前的旧石器时代,东亚大陆上的先民就开始用火,烤肉恐怕是学会用火以来最早的食肉方法。陶器发明以后,人们可能学会把肉煮着吃。日本学者冈村秀典教授认为,到了二里头时代,烤肉仍然比较盛行。在二里头遗址以及二里头文化的其他遗址,都发现了不少烧焦了的兽骨,猪骨和牛骨居多,构成其食文化的一大特征。位于郑州以西的荥阳竖河遗址中,被烧过的动物骨头以猪骨和牛骨居多。据统计,龙山文化时期的烧骨约占总数的三分之一,而二里头时代则占总数的五分之一。烧烤时把骨头都烤焦的情况应当比较少,所以当时烤肉的比例恐怕还要高些。可知那时无论王都还是农村,烤肉和煮肉一样,是一种较普遍的食用方法。

到了稍后的二里岗文化时期,被烧过的兽骨的数量大幅度减少。商周时代,用来煮肉的铜鼎成为最重要的礼器之一。除了把作为牺牲的动物整只放在柴堆上烧烤的"燎祭"外,贵族们用于祭祀和食用的基本上是生肉、干肉和用鼎煮的肉,烤肉则一般不用了。此后,在汉代的画像石上还可以见到烤肉串的情景,但那是受了西域文化的影响。在传统的中国菜中,把肉放在火上直接烧烤的做法基本上不见了。可以说,在中国的食文化中,随着二里头都邑的衰落,烤肉的传统也中断了很久。[6]

双轮车辙痕与马车起源之谜

在二里头宫殿区南侧的大路上,我们发现了两道大体平行的车辙痕。两辙间的距离约为1米。它的时代相当于二里头文化早期。这是当时所知中国最早的双轮车的使用痕迹(据报道,近来在河南淮阳平粮台遗址,发现了龙山时代的车辙痕[7])。无独有偶,20世纪90年代,在二里头遗址的西北部也曾发现过相当于二里头文化晚期的车辙痕,辙距为1.2米。稍晚于此的,还有偃师商城发现的二里岗文化时期的车辙,辙距也为1.2米。在偃师商城和郑州商城还分别发现了小型的青铜车軎(轴头)及铸造车軎的陶范。[8]但这些是马车的蛛丝马迹吗?回答应当是否定的。

到目前为止,中国最早的马车见于商代晚期的安阳殷墟遗址,其轨距一般为2.2—2.4米。[9]而二里头和偃师商城遗址车辙的轨距仅为1—1.2米,显然比马车的车体窄得多。因此基本上可以肯定它不是马车,而是具有某种特殊功用的车子。至于是用人力还是其他畜力来拉动,就不得而知了。

在中国古代文献中,人们认为舟、车的发明是圣人所为。舟、车的发明,是文明进程中的重要创造,是人类认识和利用自然的重大成就。两河流域的苏美尔人至晚在公元前2500年便有了用于运输和战争的板轮车。公元前第二千纪初,中亚草原上已出现了马拉战车。始见于商代晚期的马车究竟是本土起源还是受西亚文明或欧亚大陆游牧

发现于宫殿区南侧大路上的车辙 使用双轮车的传统肯定会便于东亚先民在商代晚期接受外来文化的影响，最终形成具有自身特色的车马文化

洛阳皂角树出土二里头文化陶器刻符 有学者认为这应当就是目前所见最早的"车"字

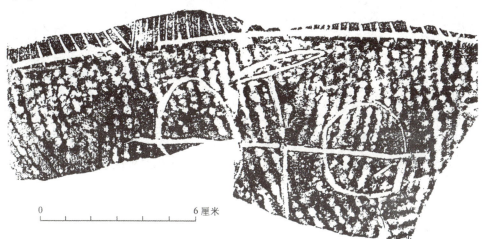

城市民生——经济生活举隅

安阳殷墟商代晚期的车马坑

民族的影响而产生，这一问题在学术界还有很大的争议。

持本土起源观点的学者可以举出不少古代文献中关于晚商以前马拉战车的记载，甚至认为中国养马、驯马和用马的历史可以早到龙山文化时期。但近年动物考古学的研究表明，在二里头、二里岗时代甚至殷墟前期的遗址中都未发现马骨，可以肯定中原地区在前殷墟时代没有家马存在的证据。西北地区的齐家文化和四坝文化发现有驯化的马，其来源可能与欧亚草原文化交流有关。[10] 殷墟后期才有家马与马拉战车的突然大量出现，且战车结构完善、工艺复杂。目前还找不到它本土起源的线索。

鉴于上述，关于家马和马车起源的问题，应该说基本上清楚了。考古发现尤其是动物考古学家的参与是解决问题的关键。本无家马和马车的龙山时代至商代前期，在后世文献中却被描绘得车马飞扬，极为热闹。这倒提供了一个有趣的例证，即它们的记述并非全都如实地反映史实，而是掺杂了作者所属时代——东周至汉代乃至更晚时期才有的事物与理念。

海纳百川

对外交流的兴盛

二里头时代东亚大陆青铜文化的分布

江南熏风：硬陶·云雷纹·鸭形器

前已述及，二里头文化中存在少量的印纹硬陶和原始瓷，这类器物及其制造技术与南方的印纹陶有密切的关系，是学界所普遍认同的。但学术界对两地间究竟哪处是最初的发源地还有不同的看法。即便是认同江浙地区为始源地，二里头遗址中的这类器物是直接来自东南，还是受东南同期文化的影响仿制而成，还有待于进一步的研究。对硬陶与原始瓷的成分分析结果表明，二里头文化这类器物胎土中氧化硅含量较高，氧化铝含量较低，与我国南方硬陶、原始瓷的组成特征相同，而且其组成点与浙江、上海和江苏的硬陶及部分原始瓷胎比较接近。因此，二里头文化硬陶和原始瓷的产地在南方的可能性较大。

二里头（左）与闽北（右）出土的长流盉　与二里头遗址长流平底盉相近的器物，在浙江南部、福建北部一带也有发现。两地出土的这类器物有很多共性，如均制作精致，为泥质磨光陶、硬陶和原始瓷，多饰印纹，整体形制上管状长流、有鋬、束颈鼓腹和假圈足的特征也都基本相同，表明二里头文化和浙闽地区的这类盉应是同源的

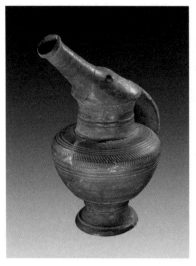 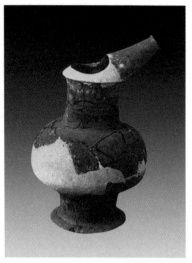

二里头文化的几何印纹大多装饰在上述精制陶、硬陶和原始瓷器上，数量极少，主要见于二里头遗址。其中最具典型性的纹样是云雷纹。它最早出现于南方地区。江苏金坛三星村出土的一件陶豆（约距今5500年）上就有采用凿刻技法制作的云雷纹。良渚文化陶器也有刻制的云雷纹，云雷纹也是良渚文化玉器神像的基本构图元素。以印制方法制作的云雷纹陶器出现于二里头时代以前江南地区的多处遗址中；稍后，在与二里头文化大体同时的马桥文化中十分流行。因此，有学者认为南方应是云雷纹的原生地，二里头文化的云雷纹以及其他一些文化要素是在南方文化的影响下产生的。[1]

二里头文化（上）与马桥文化（下）几何印纹比较　流行于长江下游马桥文化的云雷纹，其纹样风格与二里头文化非常相似，但普及程度要比二里头文化高得多

海纳百川——对外交流的兴盛

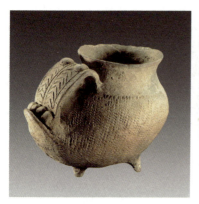 

二里头文化（左）与马桥文化（右）的鸭形壶

二里头文化早期墓葬中出土的鸭形壶，在江浙地区有较多的发现，曾出于上海马桥和浙江长兴上莘桥等遗址，这类造型的陶器很可能源于江南地区。相比之下，二里头文化的鸭形壶极为罕见，应是从南方输入的产品或仿制品。

"来路不明"的热带海贝

史前时代的黄河上游青海马家窑文化遗址中，就发现有隆背具齿的海贝（或称"货贝""子安贝""宝贝"等）及其石、骨质仿制品。在早于二里头文化的龙山时代陶寺文化中，也出土有海贝。分布于黄河上游，与二里头文化大体同时或稍早的齐家文化中，发现有骨贝。物以稀为贵。显然，作为外来品，海贝及其仿制品是这些区域社会中的贵重品。在此后的商周时代，海贝又被用来作为原始货币大量而广泛地使用，汉代以后逐渐淡出社会生活。

二里头遗址出土的海贝，主要用作贵族墓中的随葬品。前述随葬大型绿松石龙形器的男性贵族的颈上，就戴着海贝项饰，总数达90余枚。海贝绝不属于王畿本地出产，一般认为应是自远方交换而来，也可能是由近海之方国进贡而来。它从一个侧面反映了当时的交通、远程贸易或朝贡的情况。《禹贡》"扬州"章记"岛夷卉服，厥篚织贝"。有学

二里头出土的海贝 用于随葬的贝上有穿孔，可用丝绳穿起来，戴于颈上、胸前。墓葬规格越高，用贝越多

者认为"织贝"为一动宾式合成词，指把海贝（或贝制品）串联组织在一起的一种贡品。

关于东亚大陆海贝的来源，以往众说不一，可分为北方沿海来源说、山东半岛沿海来源说以及东南沿海来源说三种，但都认为来自中国大陆沿海地区。据学者近年的研究，海贝属暖水种，其分布于印度洋和中国南海的热带海域，而绝不见于古代东海及其以北沿海。同时，从考古材料上看，海贝及各类质地的仿制贝，都以中国西北部腹地为最早，而盛行于青铜时代。秦汉以前海贝的使用地域限于长江以北，海贝的使用有自西、西北向东、东南传播的轨迹。且从渤海到南海的中国古代滨海遗址，都没有发现使用海贝的现象。这样就提出了一个问题，即如果说海贝自中国南海向北传播，那么在跨越东南各地

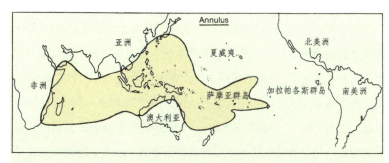

两种子安贝的现存分布 [2] 海贝属于暖水种，就东亚及邻近地区而言，它主要分布于印度洋和中国南海的热带海域

海纳百川——对外交流的兴盛　205

时竟没有留下任何考古学迹象，这是不符合逻辑的。

鉴于此，有学者提出了中国古代海贝不是从东南向西北传播，而有可能是从印度洋到土库曼地区，再经欧亚草原、蒙古草原到达中国青海东部或长城地带，进而输入中原地区的。他们还注意到，使用海贝的史前至早期王朝阶段的遗址基本上都有铜器的使用，即海贝的出现、繁盛和衰亡与青铜文化的发生、发展和消逝是大体吻合的。[3]而在海贝使用的渐衰期和海贝在汉文化系统中消失后，中国北方游牧民族如匈奴和鲜卑等依然保持着使用海贝的传统，这实际上为海贝的来源提供了某种暗示。大量海贝经由连接欧亚的北方草原地带向中国中原地区输入的过程中，北方畜牧和游牧族群充当了传播的载体。

这的确是一个充满魅力、令人产生无尽遐想的话题，产于热带海洋的海贝，居然是骑马民族翻山越岭，经欧亚大草原带来的！如果我们把眼界放宽一些，就有理由相信，这应当不是天方夜谭。

欧亚草原文化的冲击波

读中国古代史，我们知道农耕与游牧两大文化系统的交融与折冲，构成了壮阔的中国古代史的一条重要主线。甚至可以说，如果抛开西北与北方草原地带，完整的中国古代史就无从谈起。从这个意义上讲，真正的中国北方应是草原及其邻近地区，而黄河流域一带则是中国的中部。如前所述，"中国"的形成，与中部的粟作与南方的稻作农业文化的整合密切相关；它是否也与农耕与畜牧（游牧）这两大板块的碰撞与交流这一历史大势有关，则是我们所特别关心的。

从全球范围看，西亚是冶金术最早出现的地区，最早的铜制品可以上溯到公元前 7000 年前。在此后的数千年间，随着西亚文化的扩散，冶金术随之外传，进入东南欧的多瑙河中游、高加索和中亚的广大地区，乃至欧亚交界的乌拉尔一带，并继续东渐，进入新疆和河西走廊一带。[4]

上文我们提及东亚大陆可以分为面向海洋和面向内陆的两大板

欧亚大陆腹地的青铜时代遗址（蒙古国西部） 在西亚青铜文化向外扩散的过程中，中亚及北亚大草原的畜牧或游牧族群通过大范围的活动给予周边地区以强大的文化辐射，其力量不可低估

块。两大板块在气候、生态环境等方面都存在着相当大的差异。面向内陆的一块包括长城沿线及以外地区，这里与黄河流域毗邻，处于中原文明与内亚文明之间。其居民与黄河流域有着千丝万缕的血脉和文化联系，对外部世界持开放的态度并具有较强的文化兼容性，使这一地区成为东西方文化交流的重要孔道和不同文化碰撞与接触的敏感地带。这一区域是欧亚大草原的外缘，存在着复杂多样的古代文化。骑马的流动牧人纵横驰骋，使这一广大区域内的文化交流比其他地区更快，文化交融现象更为突出。多种考古学文化中的青铜器具有较大的共性，就是颇为突出的交融现象。

在仰韶和龙山时代，西北地区的文化无疑落后于中原，但其冶金术的发展却表现出超乎寻常的进步。这该如何解释呢？有理由相信，中国西北地区早期冶铜业的发达，是以与内亚地区保持文化互动为前提的。对于中原地区来说，又不排除在二里头文化向西扩展并接触到西北地区土著文化如齐家文化等的同时，也从后者汲取了所需要的养分，而冶金术方面的信息交流和技术层面的沟通，可能就是其中最重要的内容之一。[5]

当然，这种来自欧亚大陆内地的文化影响力经过接力式的传播、改造，本来就不断地被弱化；加之中原地区处于上述两大板块的交汇地带，从气候、生态到文化传统、经济类型乃至风俗习惯，与和它毗邻的西北及长城地带也不相同，文化互动中的选择性更强。到了二里头时代，中原地区的冶金术才真正崛起并形成独立的华夏风格。

鉴于此，学术界愈益认识到，即便二里头文化高度发达的青铜铸造技术孕育于当地，它也有着更深广的发生学背景，而探讨中原地区青铜冶金的起源和早期发展则必须有更为宽阔的时空视野。

游牧文明的讯息：战斧与环首刀

林沄教授指出，二里头遗址贵族墓出土的青铜战斧与环首刀，应属于早期北方系青铜器。[6]这里的北方，指的是草原地带及其邻近地区。

二里头出土的一件长身窄厚刃的青铜兵器，由于在中原地区从未见过这样的器形，学者们称呼起来就五花八门。发掘者就先后称其为"戚"和"钺"，其他学者在论及这件兵器时，也都从其中一说。林沄教授认为，戚是两侧有装饰性扉齿的钺，而这件器物窄刃长身的特征，和早期北方系战斧的斧身很相近。而且在斧身和装柄部之间，有两个向外伸出的尖齿，和一部分早期北方系刀子在刀身和刀柄之间的尖齿形状相同。因此，这实际上是一件北方系的战斧，只是在安柄方式上接受了中原系的影响而改为扁平的内（音纳）而已。在伊朗，类似的长身窄刃战斧的年代多被定在公元前第二千纪的中期或早期。

至于二里头出土的唯一一件柄部有镂孔纹饰的环首刀，林沄教授认为它也属于北方系青铜器。因为中原起源的铜刀子本来只在有刃的刀身之后加一段无纹饰的装柄部，用以夹入其他质料的柄中，二里头就出土过这类刀子。在早期金文中，象形性很强的刀形符号都与这类

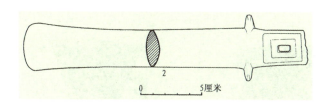

二里头出土的青铜战斧（线图）、环首刀 从世界考古学的角度来看，欧亚大陆草原地带及其毗邻地区有不少年代早于二里头文化的青铜文化存在。因此，从二里头遗址中出土的个别北方系青铜器或有北方系成分的青铜器，应是传达了这个最早崛起于农耕地区的高度的青铜文明，直接或间接地与欧亚草原文化有着某种程度的交流

刀子形状一致。而这件环首刀连铸出可以直接把握的铜柄，柄上有纹饰和镂孔，刀背有凸沿，刀柄厚而刀身薄，这是早期北方系铜刀习见的特点。具有上述特点的刀子广布于我国西北地区、蒙古国和俄罗斯的草原地带。

还有的学者认为，二里头文化中的嵌绿松石十字图案圆形铜牌饰，兽面纹铜牌饰甚至铜爵、盉等容器器形，也可能与中亚地区古代文化有着一定的关联。[7]

邻近文化因素的汇聚

前文我们已经提到，从二里头文化陶礼器的渊源看，用于饮酒礼仪的鬶、盉甚至爵都应是以大汶口-山东龙山文化的鬶为原型创造出来的。大型有刃玉礼器如牙璋、刀和钺等也源自山东龙山文化。[8]

二里头遗址出土的器物中，有的具有鲜明的同时代邻近地区其他文化的特征。如器表带有篦状刮痕的夹砂褐陶器，以及半月形双孔石刀等，都与二里头文化传统器物风格迥异，而同海岱地区岳石文化的同类遗物相似。对带有岳石文化风格的陶器胎土所做的中子活化分析表明，它们应是受岳石文化影响而生产于二里头当地的。二里头文化出土的罐类器口沿上常饰有捺压的花边装饰。这种装饰作风最早见于龙山时代晚期中原以西以北的黄土高原地带，在与二里头同时代的朱

二里头出土、具有邻近文化因素的器物
1 西北高原土著风格的花边罐
2 岳石文化风格的陶斝
3 下七垣文化风格的束颈盆
4 肖家屋脊文化风格的玉器

开沟文化（分布于内蒙古中南部一带）中有较为集中的发现。有学者认为二里头遗址所见这类花边器应是受到了朱开沟文化的影响。二里头文化的陶器群中，还有不少来自豫北、冀南地区的文化因素，甚至还能看到关中地区瘪裆鬲的影子。[9]

二里头遗址贵族墓出土的玉鸟形饰，与嵩山东南麓禹州瓦店龙山时代墓葬中所出同类器相近，也颇类于长江中游肖家屋脊文化的鹰纹玉笄。有的学者甚至认为二里头遗址贵族墓所出玉鸟形饰以及某些玉柄形器，都应是长江中游的"舶来品"。

铜原料来源之谜

用于冶铸青铜器的铜、锡等原料在中国各地分布普遍。在二里头文化的周边，从河南北部到山西南部就分布着铜矿，尤其是山西最南部的中条山一带，是历史上有名的高产量铜产地。此外，中条山北麓运城盆地的河东盐池自古以来盛产食盐，供应内陆相当大区域内的人民用盐。位于中条山南麓、黄河北岸的垣曲盆地，就是二里头文化的直接分布区，这里与二里头遗址的直线距离仅100多公里。有学者认为二里头文化因素的陶器越过黄河向这一地区扩散，应与二里头人来此获取早期国家所必需的重要青铜原料和食盐有关。[10]

长江中下游地区的湖北和江西一带，是中国铜矿储藏量最为丰富的地区。这里已发现含有二里头文化因素的遗存，有的学者甚至认为这一带应当已是二里头文化分布区的最南端，而二里头文化在该地区的出现，显示了二里头国家获取长江流域铜矿资源的最初冲动。但目前的材料还不足以说明二里头国家在何种程度上控制了该地区的铜矿资源。

二里头文化遗址与周边自然资源的分布[11]

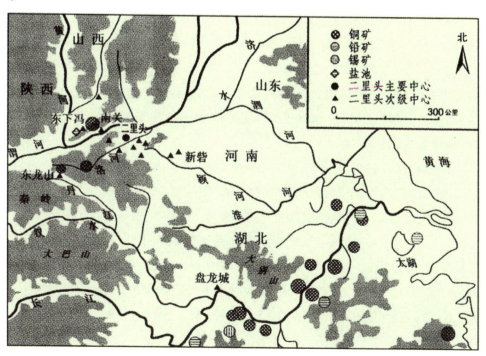

但从青铜器的铅同位素分析结果看,二里头遗址青铜器的铜原料,似乎并非取自一直以来学界所认定的中条山,而可能来自中原的东方(山东)或东北方(内蒙古东部至辽宁西部)。或认为二里头文化晚期出土铜器的铅矿来源,可能来自山东半岛地区。当然,对这类分析推论,学者还大都持审慎的态度,认为需要更多的证据来检核。

内蒙古东部至辽宁西部,在二里头时代是夏家店下层文化的分布区,这是与二里头文化有一定的交流关系的一支青铜文化。在夏家店下层文化分布区的内蒙古东部和辽西一带,就分布有较多的铜矿和铅矿。有学者推测,从这一文化的大甸子遗址贵族墓随葬有二里头文化风格的陶酒器看,在这里采掘的铜原料,有可能通过贵族阶层间的交易传入二里头都邑。

"金道锡行":交通网的蠡测

水运是中国古代重要的交通手段。黄河、济水、泗河、淮河等河流,为中原和周围地区的交流提供了重要的通道。但早期王朝时代的河流走向与今天有所不同。在西汉以前,黄河于河南武陟转向东北,经河北平原,最后在天津附近注入渤海。而作为黄河重要支流的济水,原本是大致沿着现在的黄河下游及小清河流入渤海的。鲁西南的泗河,曾经南北连通淮河与济水。

在东周时期一件铜器上长达近90字的铭文中,曾记载周代为了得到铸造青铜器所需合金原料,开辟了通往淮河下游的金(铜)锡之路,即所谓"金道锡行"。(曾伯霥簠铭文:"克逖淮夷,印燮繁汤,金道锡行。")这条道路经过繁汤(繁阳,今河南东南部新蔡县境内),是连接南北的交通要道。繁汤似乎是通往铜矿资源的重要据点,因此在东周时期铜器铭文中反复出现。这一区域有数条河流或北连淮河,或南达长江,这些河流和沿河道路可能极大地便利了南北交流。位于淮河支流汝河沿岸的繁汤,正处于南北交通的重要孔道上。

曾伯霥簠及其铭文
（中国国家博物馆藏）

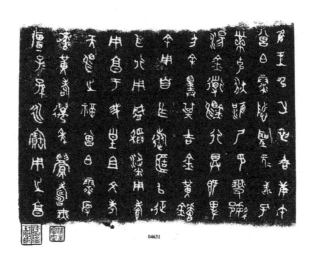

海纳百川——对外交流的兴盛

在学者梳理出的三条连通中原与长江中下游地区的交通主干线中，上述经过繁汤的一条被称为中路。东路由长江下游的扬州，穿过长江、淮河和泗河经济水、黄河，到达中原。西路则从长江中游的荆州经过长江、汉江、丹江、洛河，到达中原。[12]

在中路和西路沿线，已发现了属于二里头文化或含有二里头文化因素的遗址，文化遗存兼具南北混合的特征，似乎支持古代文献的记载。豫南地区的驻马店杨庄遗址围以环壕，出土建筑饰件以及大量石矛、石镞等兵器，暗示其具有殖民据点的性质，而农业经济上则以水稻耕作为主。位于汉江支流丹江上游的陕西商州东龙山遗址，在相当于二里头文化早期时还使用具有浓厚的当地特色的陶器群，到了二里头文化晚期时，已与二里头王都的陶器群极为相近，表明此时这里可

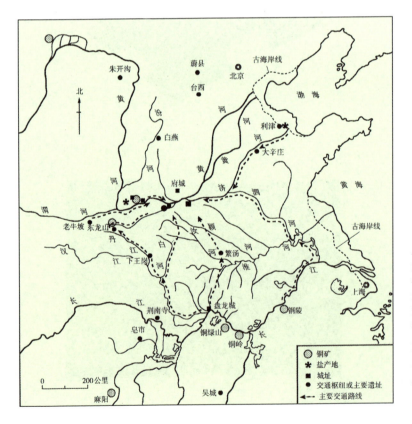

早期王朝时代的水陆交通[13] 有学者根据《尚书·禹贡》等文献记载和青铜器铭文，把连接中原都城和长江中下游地区的主要交通路线分为东、西、中三路。他们进而推测这几路"金道锡行"的历史可能较周代还要早得多

能已被纳入二里头文化的控制范围。值得注意的是，这一带的山区本身就富含各种自然资源。而从遗址稍向北，即可到达黄河水系的洛河上游。这或可说明连接中原腹心地区和长江中下游地区的交通线，早在二里头时代即已开通。

由晋南河东盐池，有数条通道可以把盐运往周围地区。黄河、渭河以及许多其他河流在古代都应曾被用作连接京畿与东西部地区的交通要道。其中的不少线路，在二里头时代也可能已经开通。

强势辐射

「中国」世界的雏形

酒器扩散的历史背景

从二里头文化因素的波及范围看，它已不限于与邻近地域的松散交流，而是大范围地向外扩散。例如，盉（鬶）、爵等二里头风格的陶礼器向北见于燕山南北的夏家店下层文化，南及由浙江到四川的长江流域一带，西达黄河上游的甘肃、青海一带。[1]

有学者指出，这些陶礼器分布的疏密程度，并非与距中原的空间距离成反比。其出土地点，多位于距二里头文化区颇远的分布范围最大界限附近。这与日用陶器的传播方式不同，暗示着这些礼器连接各区域社会的中心据点，超越空间距离，传布于当地的社会上层之间。这表明来自中原王朝的礼器被作为权力地位的象征物而接受，而中原王朝与某些区域的社会上层之间，甚至有可能已出现了程度不同的政治结盟。[2]

长城外惊现二里头式"酒礼"

一个较为典型的例子，见于内蒙古敖汉旗大甸子遗址夏家店下层文化墓地。这是一处地处长城以外辽河流域的农耕聚落，夯土城垣外分布着公共墓地。

这里的墓葬中出土陶器，大体可以分为风格迥异的两群，一群以筒腹鬲和彩绘陶器为代表，主要体现了当地土著文化的风格，另一群则是与二里头文化关系密切的陶爵、鬶、盉，属于外来文化因素。在大甸子墓地已发掘的800多座墓葬中，陶爵、鬶、盉只见于13座规模较大、规格较高的贵族墓中，墓主多为男性。它们相对集中于墓地北部的四个家族茔域内。在大甸子墓地出土的彩绘陶礼器中，以兽面纹器最珍贵，共见于16座墓中，其中15座是规模较大的高等级墓葬。而这些高等级的墓葬，有一半与随葬陶爵、鬶、盉的墓葬分布在同一家族茔域内，出土的海贝也最多。由此可见，陶爵、鬶和兽面纹彩绘

内蒙古敖汉旗大甸子墓地出土的陶爵、鬶和彩绘陶器 大甸子墓随葬的陶器，很多都是在具有当地风格的鬲和罐上施以彩绘，而源于二里头文化的酒器则数量极少。由于它们基本上都随葬于最高等级的墓中，可知大甸子的权力阶层垄断了与二里头文化的交流

陶器，是只有当地某些上层人物才能拥有的特殊礼器。彩绘陶器上的兽面纹，与二里头文化的兽面纹十分相似。[3] 总体上看，二里头式的各类酒器齐备，形制和尺寸也相当接近。有理由相信，通过酒器来完成的饮酒礼仪，可能被相当完整地直接"照搬"过来。

长江上中下游刮起二里头风

公元前第二千纪，马桥文化出现于长江下游的东南沿海地区。马桥文化陶器的来源颇为复杂。其中，浙江和上海等地出土的陶酒器如管流鬶和觚显然是受二里头文化影响而出现的器物。这是该文化选择性地接受外来文化因素的结果。在安徽境内的江淮地区也曾发现过具

长江流域出土的含有二里头文化因素的风格器物
1 安徽出土的铜斝
2 上海马桥出土的陶觚
3 四川三星堆出土的陶盉

1 2 3

有二里头文化因素的青铜器如铜斝、铜铃，陶礼器如爵、鬹、觚等。

大体与此同时，在长江中游的湖北境内江汉和峡江地区也发现了具有二里头文化因素的陶礼器如盉、鬹、觚等。盉、鬹的数量较少，形制也发生了一定的变化，器身细长，应是以二里头酒器为原型在当地制成的"仿品"。

长江上游的四川盆地，在闻名于世的三星堆文化中，源于二里头文化的数种玉器、嵌绿松石铜牌饰以及陶酒器盉，与大量富有当地特色的陶器共存。陶盉较长江中游所见同类器更为细长。

值得注意的是，与大甸子墓地不同，上述二里头文化风格的陶酒器都出土于生活区的文化层中，而非随葬于贵族墓。有学者指出，这似乎表明在夏家店下层文化的大甸子墓地，作为身份地位象征的饮酒礼仪是被权力阶层主动地从二里头文化"引进"的；而在长江流域，这些酒器则应是作为庶民生活用器的一部分而被吸纳的。

以牙璋为首的玉器的扩散

在二里头文化出现前夜的龙山时代，起源于海岱地区龙山文化的数种大型有刃玉石器如牙璋、斧、刀等向西传播。在地处黄土高原的陕北地区大量出现，又从那儿扩散至黄河上游。进入二里头时代，牙璋又从中原地区向长江中上游，甚至岭南一带传播。

始见于龙山时代、持续兴盛至二里头时代的牙璋，可以大体上分为两类。一类因最早见于龙山时代的海岱地区而被命名为龙山式，一般器形简单、无纹饰，有一组（一对）对称的扉齿或扉齿低矮；一类习见于二里头文化晚期，器形和纹饰趋于复杂，一般有多组扉齿，刻有细线纹（平行线纹和网格纹），这类牙璋被命名为二里头式。从考古发现的情况看，由龙山式演变为二里头式的时间，大概在二里头文化的早、晚期之际。[4]

前述地处南北要冲的陕南商州东龙山二里头时代遗址，在一座相当于二里头文化早期的墓葬中，出土有玉（石）牙璋、钺、斧三件有刃器和圆形的璧，有刃器的组合与二里头遗址略同。牙璋为龙山式，

四川三星堆（左）和越南北部（右）出土的玉石牙璋

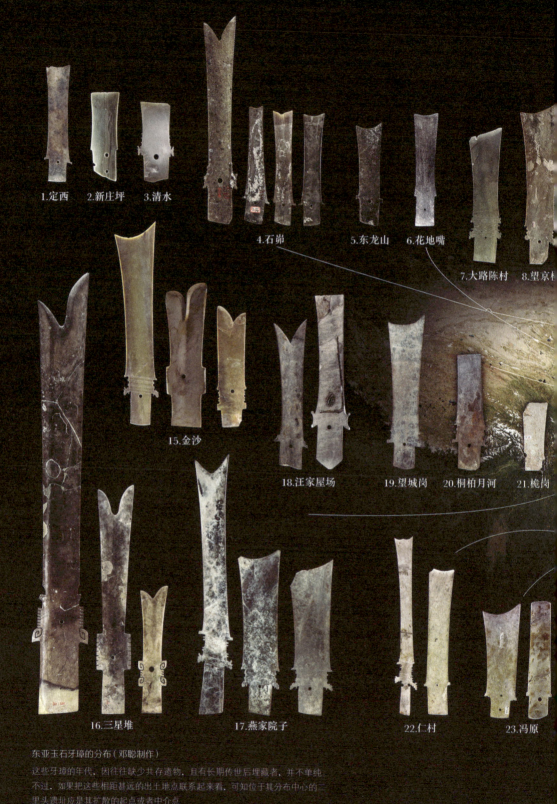

东亚玉石牙璋的分布（邓聪制作）

这些牙璋的年代，因往往缺少共存遗物，且有长期传世后埋藏者，并不单纯。不过，如果把这些相距甚远的出土地点联系起来看，可知位于其分布中心的二里头遗址应是其扩散的起点或者中介点。

以黑玉制成，应是从外地输入的。

地处河南南部的南阳盆地，以至再由此南下即可到达的长江中游湖北、湖南一带，龙山式牙璋和二里头式牙璋互见，有的形制上有所变化。在一些遗址，龙山式、二里头式牙璋与陶盉共出，表明它们是同时使用的。此外还见有二里头文化所特有的璧戚。

从长江中游再向南，在东南沿海的福建、广东、香港乃至越南北部，龙山式和二里头式牙璋都有发现。其中也有龙山式和二里头式牙璋同出于一处的例子，这应是长江中游的牙璋组合向南扩散的结果。长江上游四川盆地三星堆文化的牙璋基本上属二里头式，有的端部演变为戈形，属于新见的形制。这些牙璋显然都是模仿二里头式牙璋在当地制作的。它承继了长江中游牙璋的风格，与陶盉一道延续至商后期。同出的还有玉圭、玉戈以及玉璧等。

要之，南传的牙璋，应当与陶盉（鬶）一样，都是以二里头文化兴盛期文化因素的扩散为契机的。

二里头以外的兽面纹铜牌饰

如前所述，嵌绿松石兽面纹铜牌饰，是具有极高工艺水平和审美价值的铜嵌玉珍品。目前见于世界各地的博物馆者，总计达十余件。经发掘出土的这类铜牌饰，仅见于二里头遗址的几座贵族墓，而不见于二里头文化的其他遗址。可见它与二里头文化的铜容器一样，也是为二里头都邑的贵族所独占的宝物。

在四川盆地三星堆文化的中心聚落三星堆遗址发现的一处祭祀坑中，出土了3件铜牌饰，与其共出的还有大量玉石器。3件牌饰中有一件系在变形的兽面纹铜牌上镶嵌绿松石，另外两件是饰有镂空的变形藤蔓纹的铜牌。在三星堆遗址西北10公里处，也采集到了变形的兽面纹铜牌饰。[5]一般认为，三星堆文化的铜牌饰是以二里头文化的

甘肃天水和四川三星堆所见铜牌饰

1 甘肃天水采集
2 四川广汉三星堆出土

1 2

同类器为原型仿制而成。[6] 但也有学者认为，从形制、镂孔、穿孔方式等方面看，成都平原的铜牌饰与新疆哈密出土的未嵌绿松石铜牌饰联系更为紧密。[7]

另外，在黄河支流渭河流域的甘肃省天水市，也采集到了一件兽面纹铜牌饰，与二里头遗址出土铜牌饰相类。铜牌饰上部的一对外卷的云纹，有学者认为应是与西北地区土著文化密切相关的"羊首纹"[8]。甘肃东部的齐家文化遗址中曾出土二里头式的陶盉或其仿制品，兽面纹铜牌饰的发现，为探索二里头文化与西北地区古代文化的关系提供了实物资料。

需指出的是，目前各地所见二里头文化因素较为复杂，时间上也有早晚之别。有的可能与二里头文化大体同时，有的则要晚到二里岗文化甚至属于商代晚期的殷墟文化时期。有的大概属于早年的"传世品"，有的则可能是模仿二里头文化的器物而制作于当地，因而加入了若干当地的文化因素。四川三星堆遗址出土的多件牙璋和铜牌饰，其器物间的制器作风与时代就有很大的不同。有的文化因素还可能是经多次"接力"而间接向外传播的。由于传播距离的遥远，器物形制和装饰风格在不断变化，年代上也会大大晚于二里头时代。

强势辐射——"中国"世界的雏形　　225

从二里头到二里岗

如果不考虑考古学并不擅长的族属国别问题，仅从文化面貌上看，设若二里岗文化是商王朝的早期阶段，那么二里头文化就应当是最大、最主要的"先商文化"了。换言之，二里头文化是二里岗文化的直接前身，二者在礼制文化的内涵与王朝社会政治结构乃至控制区域上都一脉相承，且续有发展。

二里岗期和殷墟期商王朝继承发展了二里头文化以来的社会统御方式，吸纳了更广大的区域内的宗教祭祀形式，从而确立了具有华夏文明特色的礼制。这包括宫室制度、墓葬制度和以青铜礼器为核心的器用制度的整合，因祭祀祖先而盛行的动物殉牲和人殉、人牲，王权在神的名义下实施的占卜行为，以及记录占卜结果的文字的出现，等等。仅就青铜礼器而言，器物组合所标示的等级制度进一步明确，占有鼎和其他青铜礼器与否以及数量的多寡，成为贵族身份地位的重要表征。

鉴于此，美国汉学家艾兰教授指出，从二里头到周代的整个中国青铜文明，由礼器、礼仪（祭祖）活动到礼书上的"礼"，无论器用层面还是其中所显示的贵族文化的底蕴，都是一以贯之的。礼器模仿的背景，是社会政治理念的共享和趋同，也是中国之所以为"中国"的核心之所在。而二里头则可以当之无愧地被看作"中国文明"的早期形态。[9]

我们还可以陶器生产为例，窥见国家对手工业管理力度的不断增强。经过对二里头文化与二里岗文化炊煮用陶器的口径与容量等指标的比较研究，可知与二里头文化的陶器相比，二里岗文化陶器的尺寸较为均一，表明当时的陶器制作已存在着一定的标准化要求。就器类而言，也有减少和统一的趋势。鉴于此，有学者推测二里头文化的陶器，可能还是业余工匠各自烧制而成；到了二里岗文化时期，应当已是越来越少的生产者掌控日益固定化的陶器类型，有专业工匠对陶器进行"标准化"的批量生产。从这个意义上讲，城市化的陶器生产可

		细体觚	粗体觚	爵	鸡彝斝盉
西周中期	陕西长安普渡村长甶墓	○		○	○
早商文化晚期	河南郑州白家庄M3	○	○	○	○
夏文化晚期	河南偃师二里头M8	○	○	○	○
大汶口文化中期	山东滕县岗上M1	○	○		○

三代青铜礼器的传承与演变[10]　从大汶口–龙山文化的陶酒器起步，到二里头最早的青铜酒器和青铜鼎，礼器制度得到不断的规范和完善。爵和觚成为商王朝青铜礼器群的核心，而鼎的地位则大幅度提升

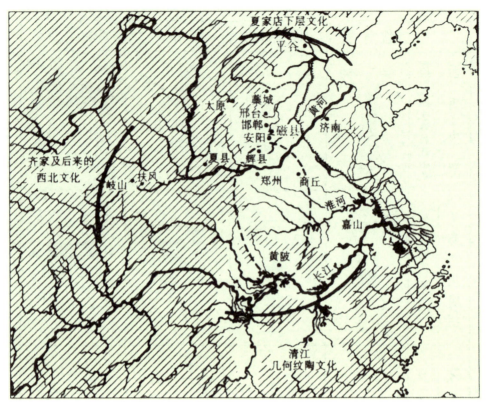

二里岗期商文明的扩张[13] 商王朝二里岗期,将下七垣文化(一般认为属二里岗文化的前身)的分布区,即太行山东麓的豫北冀南地区,和原属于二里头文化分布区的郑州和洛阳一带,都纳入商王朝的畿内地区。位于其外围的晋中南、冀北、鲁西、长江中游北岸、陕西关中平原东部,大致属于间接控制的畿外地区

能是肇始于二里岗文化时期的。[11]

  到了这一阶段,超越了地域社会架构的国家组织,在政治上的统合度进一步增强,控制范围进一步扩大。商王朝在畿内地区二里头时代的区域性中心聚落增筑城垣,在畿外修筑城址作为资源集散据点,派驻人员进行管理控制。

  研究表明,商王朝资源物资向王都集中的模式,可以概括为纳贡和再分配的互酬制度。即资源和物资向王纳贡,而由王将作为身份地位标志的青铜礼器向下再分配,从而确立了对王朝的一元化的纳贡制度。[12] 然而,在青铜礼器集中于王都的二里头时代,它是居于王都的王及统治阶层所独占的宝器,是权力和地位的象征物;而以赐予的形式扩散到各地的应主要是陶礼器。不过赐予青铜礼器的制度或可上溯至二里头时代。进入二里头文化末期，在二里头遗址以外也发现有青铜礼器，如河南郑州、荥阳西史村、高村寺、新郑望京楼，以及河南洛宁和安徽肥西（采集）。这表明青铜礼器的使用阶层在空间上有所扩大。以二里头为中心的畿内地区以外的地域集团，可能也被纳入以青铜礼器为核心的等级秩序范围内，从而形成更广阔的统治结构。

要之，相当于商王朝的二里岗期和殷墟期，以商文明为主干，在东亚大两河流域形成更大的地域性青铜文化的交流网。这一文化交流网络的扩展，构成此后以周王朝为代表的中国青铜文明的进一步拓展，乃至秦汉帝国版图形成的前提。可以说，二里头时代以二里头文化为核心的社会整合与制度建设，通过商周王朝的扩展与分封达到普世化，奠定了古代"中国"的基础。

"中国"世界的雏形

二里头文化影响的大幅度扩展，首先与其自身的扩张密切相关。这种扩张应当是中原王朝政治意图的外在体现，除了军事目的以外，或许还与获得关系王朝命脉的重要资源，以及确保广大地域内政治经济联系网的畅通有关。另外的一个重要因素是，"由于文明带来力量与昌盛，在其他文明受其影响或者有意模仿其成就的时候，文明有向外扩展的倾向"[14]。考古学研究表明，在东亚大陆，秦汉帝国问世前的春秋战国时代，中原式直刃青铜剑的分布基本上可代表文化意义上"中国"的扩展范围。其北、南、西界分别及于长城、岭南和四川成都平原。这一范围，与上述二里头文化陶、玉礼器的分布范围大体相合，意味深长。[15]

这一范围，甚至突破了《尚书·禹贡》所载"九州"的范围。

已有学者通过对中国各地考古学材料与古文献的整合研究，指出《禹贡》中的"九州"既不是中国古代的行政区划，也不是战国时的

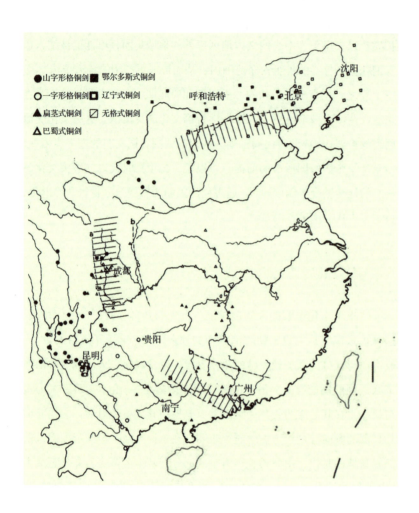

东周中原式青铜剑的分布[16] 如果我们将此与二里头时代前后玉石牙璋的分布相比较，就可以得出这样的结论：或许，"中国"世界的空间轮廓，早在公元前二千纪前叶的二里头时代，就已显现出了它最早的雏形

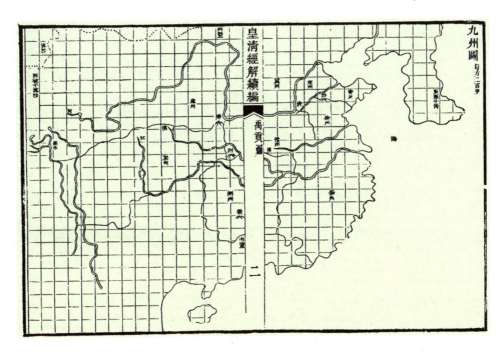

《禹贡》"九州"图

托古假设,而是自公元前两千年前后就实际存在的、源远流长的、自然形成的人文地理区系。公元前第二千纪,以中原为中心的文化区系先后建立起凌驾于其他区系之上的中央王国,成为三代京畿之地。中央王国以军事、政治的纽带把已经自然形成的中华两河流域文化圈进一步联结在自己的周围,迫使各区进贡其文化精华,并予以消化、提炼,再创造出更高层次的文明成果,从而迅速地发展壮大了自身,并以这些成果"赐予"、传播至周围各区,加速了各区文明发展的进程,同时也削弱了它们的独立性,从而产生了具有双重来源或多源的(各区之间亦有交往)商代方国文化、周代侯国文化。[17]

　　古文字学家指出,商业的"商"字本来就是赏赐的"赏",交易的"易"就是赏赐的"赐",不同层级的社会组织之间正是通过送礼,通过赏赐和纳贡来实现交换的关系。这种进贡与反馈的双向、多向文化交流形成了中国古代文明发展的复杂进程。因此,以中华大两河流域为基地的中国古代文明既是多源的,又是以中原为中心的。

金黄的麦浪下是曾经辉煌的宫殿区

最后的问题：何以"中国"

著名历史学家黄仁宇指出：地理条件和历史的发展极有关系，尤其是当我们把地理的范围放宽、历史的眼光延长时，更是如此。易于耕种的纤细黄土、能带来丰沛雨量的季候风和时而润泽大地时而泛滥成灾的黄河，是影响中国命运的三大因素。它们直接或间接地促使中国要采取中央集权式的、农业形态的官僚体系。天候—地理—人事，赈灾—治水—边防，构成了数千年跌宕起伏的中国历史的主线。[1] 换言之，中国的团结出于自然力量的驱使，地理大势决定了古代中国的走向。这些着眼于历史时期的论述，在早期王朝形成的探索中应当也具有重要的启发意义。

自万年左右原始农业产生以来，广袤的东亚大陆上的先民们，上演了一幕幕具有连续进化特色的历史剧。其中国家社会产生前的史前时期所占的时间超过了一半，秦汉帝国以来两千余年文明时代的演变轨迹，应当继承了早期王朝乃至更早时期深厚的文化基因。在早期历史的研究中，积极地将考古成果转换为可供当代社会应用的知识体系，深入发掘"中国"之所以为"中国"的环境与文化底蕴，无疑会更全面地澄清我国统一的多民族国家形成的历史轨迹。对中国历史的长程观察有助于了解最早的"中国"何以诞生。

肇始于二里头文化，以祖先崇拜为内核、重世俗功利、重王权而把宗教置于适当位置的中原礼乐文明，何以能在严酷的社会竞争和人与自然的竞争中脱颖而出，发展壮大，最终成为华夏文明的主流；而巫术色彩浓厚的其他非礼乐系统文化为何在其光灿一时的同时又具有脆弱性和短命的一面，终致社会畸形发展而相继退出历史舞台？其中的深层原因，仍是今后需要深入探究的重要课题。

通观我们从考古学的角度探索早期中国的历程，可以说，新的考古发现在不断地提供解决问题的线索，同时又提出更多新的问题，引发我们不断地去思考、去探索。而这，正是考古学的魅力之所在。在对早期中国的探索中，还有许多谜团有待破解。有志青年不妨再踏着我们的足迹，去继续追寻祖先远去的身影。

全书注释

解题——"中国"的由来

[1] 邱永君:《汉语"中国"一词由来考》,《学习时报》2007年10月26日。

[2] 王玉哲:《殷商疆域史中的一个重要问题——"点"和"面"的概念》,《郑州大学学报(哲学社会科学版)》1982年第2期。

[3] 容庚编著:《金文编》,中华书局,1985年。

[4] 张光直著,印群译:《古代中国考古学》,生活·读书·新知三联书店,2013年。

[5] (清)阮元校刻:《十三经注疏》,中华书局,1980年。

[6][7] 中国青铜器全集编辑委员会:《中国青铜器全集》第05卷西周1,文物出版社,1996年。

[8] 中国社会科学院考古研究所:《中国社会科学院考古研究所考古博物馆洛阳分馆》,文化艺术出版社,1998年。

开创纪元——由"多元邦国"到"一体王朝"

[1] 严文明最早提出"龙山时代"的概念,将其大致框定在约公元前2600—前2000年。详见严文明:《龙山文化和龙山时代》,《文物》1981年第6期。此后,严先生接受了更多学者的意见,也主张将庙底沟二期文化及各区域与其大体同时的诸考古学文化"划归龙山时代的早期",这样,龙山时代的上限就由公元前2600年左右上溯至3000年左右。详见严文明:《龙山时代考古新发现的思考》,《纪念城子崖遗址发掘60周年国际学术讨论会文集》,齐鲁书社,1993年。

[2][8] 许宏:《先秦城邑考古》,金城出版社、西苑出版社,2017年。

[3] 李学勤主编:《中国古代文明与国家形成研究》,云南人民出版社,1997年。中国社会科学院考古研究所、中国社会科学院古代文明研究中心:《中国文明起源研究要览》,文物出版社,2003年。

[4] 严文明:《农业发生与文明起源》,科学出版社,2000年,有改动;底图审图号:GS(2016)1569号。

[5] 王震中:《中国古代国家的起源与王权的形成》,中国社会科学出版社,2013年。

[6] 钱耀鹏:《中国史前城址与文明起源研究》,西北大学出版社,2001年。

[7] 沈辰:《安特生与丁文江的早期中外考古合作及其影响——读〈中国之前的中国〉》,《华夏考古》2007年第3期。

[9] 许宏:《"连续"中的"断裂"——关于中国文明与早期国家形成过程的思考》,《文物》2001年第2期。

[10] 许宏:《略论二里头时代》,《2004年安阳殷商文明国际学术研讨会论文集》,社会科学文献出版社,2004年。

[11] 张立东:《论辉卫文化》,《考古学集刊》第10集,地质出版社,1996年。

[12] [日]冈村秀典:《夏王朝——王権誕生の考古学》,講談社(東京),2003年,有改动。

全球视野——中国文明兴起的世界背景

[1] 张芝联、刘学荣主编:《世界历史地图集》,中国地图出版社,2001年。
[2] [美]斯塔夫里阿诺斯(L. S. Stavrianos)著,吴象婴等译:《全球通史:从史前史到21世纪》(第7版修订版),北京大学出版社,2006年。
[3] 范毅、周敏主编:《世界地图集》,中国地图出版社,2011年。
[4] 夏商周断代工程专家组:《夏商周断代工程1996—2000年阶段成果报告(简本)》,世界图书出版公司,2000年。

寻梦之旅——从故纸堆到考古现场

[1] 陈梦家:《商代的神话与巫术》,《陈梦家学术论文集》,中华书局,2016年。
[2] (清)崔述撰著,顾颉刚编订:《崔东壁遗书》,上海古籍出版社,1983年。顾颉刚、童书业:《夏史三论》,《古史辨》第七册下,上海古籍出版社,1982年。
[3] 李宏飞:《夏商世系探索》,《甲骨学110年:回顾与展望》,中国社会科学出版社,2009年。
[4] 顾颉刚等编著:《古史辨》(全七册),上海古籍出版社,1982年。
[5] 李季:《千秋索隐 百年寻觅——中国文明的起源》,四川教育出版社,1998年。
[6] 王国维:《观堂集林》,中华书局,1959年。
[7] 李济:《安阳》,上海人民出版社,2007年。
[8] 李济:《殷虚铜器五种及其相关之问题》,《蔡子民先生六十五岁纪念论文集》,中央研究院历史语言研究所,1935年。
[9] 徐旭生:《中国古史的传说时代》(增订本),文物出版社,1985年。
[10] 徐旭生:《1959年夏豫西调查"夏墟"的初步报告》,《考古》1959年第11期。
[11] 中国社会科学院考古研究所编著,许宏、袁靖主编:《二里头考古六十年》,中国社会科学出版社,2019年。
[12] 河南省考古学会、河南省博物馆:《夏文化论文选集》,中州古籍出版社,1985年。郑杰祥编:《夏文化论集》,文物出版社,2002年。

地灵中原——"第一王都"的诞生背景

[1] 严文明:《东方文明的摇篮》,《农业发生与文明起源》,科学出版社,2000年。
[2][3] 刘莉著,陈星灿等译:《中国新石器时代:迈向早期国家之路》,文物出版社,2007年,有改动;底图审图号为:GS(2016)1569号。
[4][5] 严文明:《中国史前文化的统一性与多样性》,《文物》1987年第3期。
[6] 赵辉:《以中原为中心的历史趋势的形成》,《文物》2000年第1期。赵辉:《中国的史前基

础——再论以中原为中心的历史趋势》,《文物》2006 年第 8 期。许宏 :《二里头与中原中心的形成》,《历史研究》2020 年第 5 期。

[7] 赵辉 :《良渚文化的若干特殊性——论一处中国史前文明的衰落原因》,《良渚文化研究——纪念良渚文化发现六十周年国际学术讨论会文集》, 科学出版社, 1999 年。

[8] 杨晓燕 :《小米、大米和麦子最早混种于黄河流域》,《中国国家地理》2017 年第 10 期。

[9] 苏秉琦、殷玮璋 :《关于考古学文化的区系类型问题》,《文物》1981 年第 5 期。许宏 :《略论我国史前时期瓮棺葬》,《考古》1989 年第 4 期。

[10] 范毅、周敏主编 :《世界地图集》, 中国地图出版社, 2011 年。

[11] [美] 吉德炜著, 陈星灿译 :《考古学与思想状态——中国的创建》,《华夏考古》1993 年第 1 期。

[12] 严文明 :《中国古代文化三系统说——兼论赤峰地区在中国古代文化发展中的地位》,《中国北方古代文化国际学术研讨会论文集》, 中国文史出版社, 1995 年。

[13] 苏秉琦 :《中国文明起源新探》, 生活·读书·新知三联书店, 1999 年。

[14] 黎承贤、韩忠厚等 :《洛阳》, 中国建筑工业出版社, 1990 年。河南省地方史志编纂委员会 :《河南省志·地貌山河志》, 河南人民出版社, 1994 年。

[15] 洛阳市文物工作队 :《洛阳皂角树（1992 ~ 1993 年洛阳皂角树二里头文化聚落遗址发掘报告）》, 科学出版社, 2002 年。

[16] 宋豫秦、韩玉玲等 :《中国文明起源的人地关系简论》, 科学出版社, 2002 年。

[17] 陈良佐 :《从生态学的交会带 (ecotone)、边缘效应 (edge effect) 试论史前中原核心文明的形成》,《中国考古学与历史学之整合研究》, "中央研究院" 历史语言研究所 (台北), 1997 年。

[18] [英] 阿诺德·汤因比著, 郭小凌等译 :《历史研究》, 上海人民出版社, 2010 年。

王都气派——城市规划的先端

[1] 段鹏琦 :《汉魏洛阳城与自然河流的开发和利用》,《庆祝苏秉琦考古五十五年论文集》, 文物出版社, 1989 年。中国社会科学院考古研究所洛阳汉魏城工作队 :《北魏洛阳外郭城和水道的勘查》,《考古》1993 年第 7 期。

[2] 中国社会科学院考古研究所 :《偃师二里头（1959 年 ~ 1978 年考古发掘报告）》, 中国大百科全书出版社, 1999 年。杜金鹏、许宏主编 :《偃师二里头遗址研究》, 科学出版社, 2005 年。中国社会科学院考古研究所 :《二里头（1999 ~ 2006）》, 文物出版社, 2014 年。中国社会科学院考古研究所编著, 许宏、袁靖主编 :《二里头考古六十年》, 中国社会科学出版社, 2019 年。本书所引二里头遗址的考古资料主要出自上引书, 一般不另说明。

[3] 偃师县志编纂委员会 :《偃师县志》, 生活·读书·新知三联书店, 1992 年。

[4] 宋镇豪 :《夏商社会生活史》（增订本）, 中国社会科学出版社, 2005 年。王妙发 :《黄河流域聚落论稿 : 从史前聚落到早期城市》, 知识出版社, 1999 年。王建华 :《黄河中下游地区史前人口研究》, 科学出版社, 2011 年。

建中立极——宫廷礼制的形成

[1] [德] 雷德侯著, 张总等译 :《万物 : 中国艺术中的模件化和规模化生产》, 生活·读书·新知三联书店, 2005 年。

[2] 许宏:《大都无城——中国古都的动态解读》,生活·读书·新知三联书店,2016年。

[3] 傅熹年:《中国科学技术史·建筑卷》,科学出版社,2008年。

[4] 邹衡:《试论夏文化》,《夏商周考古学论文集》,文物出版社,1980年。

[5] 杜金鹏:《偃师二里头遗址一号宫殿基址再认识》,《安金槐先生纪念文集》,大象出版社,2005年。

[6] 北京大学历史系考古教研室商周组:《商周考古》,文物出版社,1979年。

[7] [日]飯島武次:《中国夏王朝考古学研究》,同成社(東京),2012年。

[8] 杜金鹏、许宏主编:《偃师二里头遗址研究》,科学出版社,2005年。

[9][10] 杜金鹏:《偃师二里头遗址4号宫殿基址研究》,《文物》2005年第6期。

[11] 中国社会科学院考古研究所二里头工作队:《河南偃师市二里头遗址宫殿区5号基址发掘简报》,《考古》2020年第1期。

[12] 杜正胜:《宫室、礼制与伦理》,《古代社会与国家》,允晨文化实业股份有限公司,1992年。

[13] (清)戴震:《考工记图》,乾隆中刊《戴氏遗书》,曲阜孔氏刻微波榭丛书本。

国之大事——祭祀与战争

[1] 中国社会科学院考古研究所:《中国考古学·夏商卷》,中国社会科学出版社,2003年。

[2] 中国社会科学院考古研究所二里头工作队:《河南偃师市二里头遗址宫殿区1号巨型坑的勘探与发掘》,《考古》2015年第12期。

[3] [英]格林·丹尼尔著,黄其煦译:《考古学一百五十年》,文物出版社,1987年。

[4] 严文明:《论中国的铜石并用时代》,《史前研究》1984年第1期。

[5] 许宏:《何以中国——公元前2000年的中原图景》,生活·读书·新知三联书店,2014、2016年。

[6][7] 邹衡:《试论夏文化》,《夏商周考古学论文集》,文物出版社,1980年。

[8][9][16] [日]岡村秀典:《夏王朝——王權誕生の考古學》,講談社(東京),2003年。

[10] 栾丰实:《二里头遗址出土玉礼器中的东方因素》,《中原地区文明化进程学术研讨会文集》,科学出版社,2006年。

[11] 邓聪、栾丰实等:《东亚最早的牙璋——山东龙山式牙璋初论》,《玉润东方:大汶口—龙山·良渚玉器文化展》,文物出版社,2014年

[12] 邓淑苹:《也谈华西系统的玉器》,《故宫文物月刊》第125—130期,1993年8月—1994年1月。

[13] 中国社会科学院考古研究所安阳工作队:《1991年安阳后冈殷墓的发掘》,《考古》1993年第10期。

[14] 林巳奈夫:《中国古代の祭玉、瑞玉》,《東方学報》(京都)第40册,1969年。

[15] 严志斌:《漆觚、圆陶片与柄形器》,《中国国家博物馆馆刊》2020年第1期。

[17] 中国社会科学院考古研究所、山西省临汾市文物局:《襄汾陶寺——1978—1985年发掘报告》,文物出版社,2015年。

[18] 李学勤:《古文字学初阶》,中华书局,2006年。

[19] 林沄:《夏代的中国北方系青铜器》,《边疆考古研究》第1辑,科学出版社,2002年。

[20] 林沄:《说"王"》,《考古》1965年第6期。

[21] [日]冈村秀典:《中国文明:農業と礼制の考古学》,京都大学学術出版会(京都),2008年。

都邑社会——人口构成与层级

[1] 北京大学考古文博学院、河南省文物考古研究所:《登封王城岗考古发现与研究(2002—2005)》,大象出版社,2007年。

[2] 许宏、刘莉:《关于二里头遗址的省思》,《文物》2008年第1期。

[3] 许宏:《二里头遗址"1号大墓"学案综理》,《中原文物》2017年第5期。

[4] [日]松丸道雄:《殷周國家の構造》,《岩波講座世界歴史4 古代4 東アジア世界の形成Ⅰ》,岩波書店(東京),1970年。[日]松丸道雄、池田溫等編:《世界歴史大系:中国史1——先史~後漢——》,山川出版社(東京),2003年。

[5] 李志鹏:《二里头文化墓葬研究》,《中国早期青铜文化——二里头文化专题研究》,科学出版社,2008年。

[6] 中国社会科学院考古研究所、中澳美伊洛河流域联合考古队:《洛阳盆地中东部先秦时期遗址:1997—2007年区域系统调查报告》,科学出版社,2019年。

[7][8] [日]西江清高、久慈大介:《从地域间关系看二里头文化期中原王朝的空间结构》,《二里头遗址与二里头文化研究》,科学出版社,2006年。

文明气象——精神世界管窥

[1] 中国社会科学院考古研究所:《中国考古学·夏商卷》,中国社会科学出版社,2003年。

[2] 杜金鹏:《中国龙 华夏魂——试论偃师二里头遗址"龙文物"》,《二里头遗址与二里头文化研究》,科学出版社,2006年。

[3] 冯时:《二里头文化"常旜"及相关诸问题》,《考古学集刊》第17集,科学出版社,2010年。

[4] 顾万发:《试论新砦陶器盖上的饕餮纹》,《华夏考古》2000年第4期。

[5] 王青:《二里头遗址出土镶嵌绿松石牌饰的初步研究》,《夏商都邑与文化(二)》,中国社会科学出版社,2014年。

[6] 洛阳市文物工作队:《洛阳皂角树(1992—1993年洛阳皂角树二里头文化聚落遗址发掘报告)》,科学出版社,2002年。

[7] 邓淑苹:《万邦玉帛——夏王朝的文化底蕴》,《夏商都邑与文化(二)》,中国社会科学出版社,2014年。

[8] 王震中:《"饕餮纹"一名质疑及其宗教意义新探》,《文博》1985年第3期。

巧夺天工——官营手工业的高度

[1] 杜金鹏:《偃师二里头遗址都邑制度研究》,《夏商周考古学研究》,科学出版社,2007年。

[2] 梅建军:《关于中国冶金起源及早期铜器研究的几个问题》,《吐鲁番学研究》2001年第2

期。李水城:《西北与中原早期冶铜业的区域特征及交互作用》,《考古学报》2005 年第 3 期。黄铭崇:《迈向重器时代——铸铜技术的输入与中国青铜技术的形成》,《"中央研究院"历史语言研究所集刊》第八十五本第四分册,2014 年。杨建华、邵会秋等:《欧亚草原东部的金属之路:丝绸之路与匈奴联盟的孕育过程》,上海古籍出版社,2016 年。

[3] [德]雷德侯著,张总等译:《万物:中国艺术中的模件化和规模化生产》,生活·读书·新知三联书店,2005 年。

[4] [日]宫本一夫:《二里头文化青铜彝器的演变及意义》,《二里头遗址与二里头文化研究》,科学出版社,2006 年。

[5] 邹衡:《试论夏文化》,《夏商周考古学论文集》,文物出版社,1980 年。

[6] 邓聪:《中国玉器素材的开片三部曲——谈二里头玉器开片技术》,《二里头遗址与二里头文化研究》,科学出版社,2006 年。

[7] 贺俊:《试论二里头文化的铜圆形器》,《文物春秋》2018 年第 5 期。

[8] 李志鹏:《二里头文化墓葬研究》,《中国早期青铜文化——二里头文化专题研究》,科学出版社,2008 年。

[9] 陈芳妹:《二里头 M3——社会艺术史研究的新线索》,《二里头遗址与二里头文化研究》,科学出版社,2006 年。

[10] 许宏:《二里头 M3 及随葬绿松石龙形器的考古背景分析》,《古代文明》第 10 卷,上海古籍出版社,2016 年。

[11] 严志斌:《漆觚、圆陶片与柄形器》,《中国国家博物馆馆刊》2020 年第 1 期。

城市民生——经济生活举隅

[1] 赵志军:《公元前 2500 年~公元前 1500 年中原地区植物考古学研究》,《科技考古》第二辑,科学出版社,2007 年。

[2] 袁靖、黄蕴平等:《公元前 2500 年~公元前 1500 年中原地区动物考古学研究——以陶寺、王城岗、新砦和二里头遗址为例》,《科技考古》第二辑,科学出版社,2007 年。

[3][5][6] [日]冈村秀典:《夏王朝——王権誕生の考古学》,講談社(東京),2003 年。

[4] 故宫博物院编,杨晶主编:《中国陶鬲谱系研究》,故宫出版社,2014 年。

[7] 秦岭、曹艳朋:《平粮台古城遗迹发掘研究的重要成果》,《中国文物报》2020 年 5 月 5 日。

[8] 王学荣:《商代早期车辙与双轮车在中国的出现》,《三代文明研究(一)》,科学出版社,1999 年。

[9] 中国社会科学院考古研究所:《殷墟的发现与研究》,方志出版社,2007 年。

[10] 刘羽阳:《中国古代家马研究的回顾与展望》,《南方文物》2014 年第 1 期。

海纳百川——对外交流的兴盛

[1] 宋建:《二里头文化中的南方因素》,《二里头遗址与二里头文化研究》,科学出版社,2006 年。

[2] 转引自张光直著,印群译:《古代中国考古学》,生活·读书·新知三联书店,2013 年。

[3] 彭柯、朱岩石:《中国古代所用海贝来源新探》,《考古学集刊》第 12 集,中国大百科全书出版社,1999 年。

[4] 杨建华：《两河流域：从农业村落到城邦国家》，文物出版社，2014 年。杨建华、邵会秋等：《欧亚草原东部的金属之路：丝绸之路与匈奴联盟的孕育过程》，上海古籍出版社，2016 年。

[5] 李水城：《西北与中原早期冶铜业的区域特征及交互作用》，《考古学报》2005 年第 3 期。

[6] 林沄：《夏代的中国北方系青铜器》，《边疆考古研究》第 1 辑，科学出版社，2002 年。

[7] [美] 胡博：《齐家与二里头：远距离文化互动的讨论》，《远方的时习——〈古代中国〉精选集》，上海古籍出版社，2008 年。李学勤：《谈伊朗沙赫达德出土的红铜爵、觚形器》，《欧亚学刊》第一辑，中华书局，1999 年。黄铭崇：《迈向重器时代——铸铜技术的输入与中国青铜技术的形成》，"中央研究院"历史语言研究所集刊》第八十五本第四分，2014 年。

[8] 栾丰实：《东夷考古》，山东大学出版社，1996 年。

[9] 中国社会科学院考古研究所：《中国考古学·夏商卷》，中国社会科学出版社，2003 年。

[10][12][13] 刘莉、陈星灿：《中国早期国家的形成——从二里头和二里岗时期的中心和边缘之间的关系谈起》，《古代文明》第 1 卷，文物出版社，2002 年。

[11] 刘莉著，陈星灿等译：《中国新石器时代：迈向早期国家之路》，文物出版社，2007 年。

强势辐射——"中国"世界的雏形

[1][6] 中国社会科学院考古研究所：《中国考古学·夏商卷》，中国社会科学出版社，2003 年。

[2] [日] 冈村秀典：《夏王朝——王権誕生の考古学》，講談社（東京），2003 年。

[3] 中国社会科学院考古研究所：《大甸子：夏家店下层文化遗址与墓地发掘报告》，科学出版社，1996 年。

[4] 邓聪编：《南中国及邻近地区古文化研究》，香港中文大学出版社，1994 年。郑州市文物考古研究院、香港中文大学中国考古艺术研究中心编：《牙璋与国家起源：牙璋图录及论集》，科学出版社，2018 年。

[5] 四川省文物考古研究所三星堆工作站、广汉市文物管理所：《三星堆遗址真武仓包包祭祀坑调查简报》，《四川考古报告集》，文物出版社，1998 年。敖天照、王有鹏：《四川广汉出土商代玉器》，《文物》1980 年第 9 期。

[7] 陈小三：《试论镶嵌绿松石牌饰的起源》，《考古与文物》2013 年第 5 期。

[8] 张天恩：《天水出土的兽面铜牌饰及有关问题》，《中原文物》2002 年第 1 期。

[9] [美] 艾兰：《二里头与中华文明的形成：一种新的范式》，《早期中国历史、思想与文化（增订版）》，商务印书馆，2011 年。

[10] 邹衡：《夏商周考古学论文集》，文物出版社，1980 年。

[11] 袁广阔、秦小丽：《早商城市文明的形成与发展》，科学出版社，2017 年。

[12] 王宇信、徐义华：《商代史·卷四　商代国家与社会》，中国社会科学出版社，2011 年。

[13] 张光直著，印群译：《古代中国考古学》，生活·读书·新知三联书店，2013 年。

[14] [美] 皮特·N. 斯特恩斯等著，赵轶峰等译：《全球文明史》（第三版），中华书局，2006 年。

[15] [日] 西江清高：《"中国"的文化領域の原型と"地域"文化》，《文化人類学》第 8 号，1990 年。[日] 小澤正人、谷豊信等：《中国の考古学》，同成社（東京），1999 年。

[16] [日] 小澤正人、谷豊信等：《中国の考古学》，同成社（東京），1999 年，有改动。

[17] 邵望平：《〈禹贡〉"九州"的考古学研究》，《考古学文化论集（二）》，文物出版社，1989 年。

最后的问题：何以"中国"

[1] 黄仁宇:《赫逊河畔谈中国历史》,生活·读书·新知三联书店,1992年。黄仁宇:《中国大历史》,生活·读书·新知三联书店,2007年。

主要参考书目（以汉语拼音为序）

［美］艾兰著，杨民译：《早期中国历史、思想与文化（增订版）》，商务印书馆，2011年。

北京大学历史系考古教研室商周组：《商周考古》，文物出版社，1979年。

本书编辑委员会：《中国大百科全书·考古学》，中国大百科全书出版社，1992年。

［加］布鲁斯·G. 崔格尔著，徐坚译：《理解早期文明：比较研究》，北京大学出版社，2014年。

邓聪编：《南中国及邻近地区古文化研究》，香港中文大学出版社，1994年。

杜金鹏、许宏主编：《偃师二里头遗址研究》，科学出版社，2005年。

杜金鹏、许宏主编：《二里头遗址与二里头文化研究：中国·二里头遗址与二里头文化国际学术研讨会论文集》，科学出版社，2006年。

［俄］E.H. 切尔内赫、C.B. 库兹明内赫著，王博等译：《欧亚大陆北部的古代冶金：塞伊玛－图尔宾诺现象》，中华书局，2010年。

［日］饭岛武次：《中国夏王朝考古学研究》，同成社（東京），2012年。

傅熹年：《中国科学技术史·建筑卷》，科学出版社，2008年。

［日］冈村秀典：《夏王朝——王権誕生の考古学》，講談社（東京），2003年。

［日］冈村秀典：《中国文明：農業と礼制の考古学》，京都大学学術出版会（京都），2008年。中文版见，冈村秀典著，陈馨译：《中国文明：农业与礼制的考古学》，上海古籍出版社，2020年。

高明：《古文字类编》，中华书局，1980年。

［英］格林·丹尼尔著，黄其煦译：《考古学一百五十年》，文物出版社，1987年。

葛剑雄：《统一与分裂：中国历史的启示》，生活·读书·新知三联书店，1994年。

［日］宫本一夫著，吴菲译：《从神话到历史：神话时代　夏王朝》（中国的历史01），广西师范大学出版社，2014年。

顾颉刚等编著：《古史辨》（全七册），上海古籍出版社，1982年。

河南省地方史志编纂委员会：《河南省志·地貌山河志》，河南人民出版社，1994年。

黄仁宇：《赫逊河畔谈中国历史》，生活·读书·新知三联书店，1992年。

黄仁宇：《中国大历史》，生活·读书·新知三联书店，2007年。

井中伟、王立新编著：《夏商周考古学》，科学出版社，2013年，2020年（第二版）。

［德］雷德侯著，张总等译：《万物：中国艺术中的模件化和规模化生产》，生活·读书·新知三联书店，2005年。

黎承贤、韩忠厚等：《洛阳》，中国建筑工业出版社，1990年。

李伯谦：《中国青铜文化结构体系研究》，科学出版社，1998年。

李济：《安阳》，上海人民出版社，2007年。

李济：《中国文明的开始》，江苏教育出版社，2005年。

李季：《千秋索隐　百年寻觅——中国文明的起源》，四川教育出版社，1998年。

李孝聪：《中国区域历史地理》，北京大学出版社，2004年。

［英］理查德·奥弗里等编著，毛昭晰等译：《泰晤士世界历史》，希望出版社、新世纪出版社，2011年。

林沄：《林沄文集》，上海古籍出版社，2019年。

刘莉著，陈星灿等译：《中国新石器时代：迈向早期国家之路》，文物出版社，2007年。

刘莉、陈星灿：《中国考古学：旧石器时代晚期到早期青铜时代》，生活·读书·新知三联书店，2017年。

栾丰实：《东夷考古》，山东大学出版社，1996年。

［美］皮特·N.斯特恩斯等著，赵轶峰等译：《全球文明史》（第三版），中华书局，2006年。

容庚编著：《金文编》，中华书局，1985年。

（清）阮元校刻：《十三经注疏》，中华书局，1980年。

［美］斯塔夫里阿诺斯著，吴象婴等译：《全球通史：从史前史到21世纪》（第7版修订版），北京大学出版社，2006年。

宋镇豪：《夏商社会生活史》（增订本），中国社会科学出版社，2005年。

宋镇豪主编：《商代史》（全十卷），中国社会科学出版社，2010—2011年。

苏秉琦主编：《中国通史·第二卷·远古时代》，上海人民出版社，1994年。

苏秉琦：《中国文明起源新探》，生活·读书·新知三联书店，1999年。

王国维：《观堂集林》，中华书局，1959年。

王震中：《中国古代国家的起源与王权的形成》，中国社会科学出版社，2013年。

夏商周断代工程专家组：《夏商周断代工程1996—2000年阶段成果报告（简本）》，世界图书出版公司，2000年。

［日］小澤正人、谷豐信等：《中国の考古学》，同成社（東京），1999年。

［日］松丸道雄、池田温等编：《世界歷史大系：中国史1——先史～後漢——》，山川出版社（東京），2003年。

徐旭生：《中国古史的传说时代》（增订本），文物出版社，1985年。

许宏：《先秦城邑考古》，金城出版社、西苑出版社，2017年。

许倬云：《万古江河：中国历史文化的转折与开展》，上海文艺出版社，2006年。

严文明：《农业发生与文明起源》，科学出版社，2000年。

偃师县志编纂委员会：《偃师县志》，生活·读书·新知三联书店，1992年。

杨建华、邵会秋等：《欧亚草原东部的金属之路——丝绸之路与匈奴联盟的孕育过程》，上海古籍出版社，2017年。

杨鸿勋：《宫殿考古通论》，紫禁城出版社，2001年。

［日］伊東俊太郎：《文明の誕生》，講談社（東京），1988年。

张光直：《中国青铜时代》，生活·读书·新知三联书店，1999年修订版。

张光直著，印群译：《古代中国考古学》，生活·读书·新知三联书店，2013年。

张光直著，张良仁等译：《商文明》，生活·读书·新知三联书店，2013年。

张芝联、刘学荣主编：《世界历史地图集》，中国地图出版社，2001年。

郑杰祥编：《夏文化论集》，文物出版社，2002年。

郑州市文物考古研究院、香港中文大学中国考古艺术研究中心编：《牙璋与国家起源：牙璋图录及论集》，科学出版社，2018年。

中国青铜器全集编辑委员会：《中国青铜器全集：夏、商（一）》，文物出版社，1996年。

中国社会科学院考古研究所：《考古精华》，科学出版社，1993年。

中国社会科学院考古研究所：《二里头陶器集粹》，中国社会科学出版社，1995年。

中国社会科学院考古研究所：《中国社会科学院考古研究所考古博物馆洛阳分馆》，文化艺术出版社，1995年。

中国社会科学院考古研究所：《偃师二里头（1959年~1978年考古发掘报告)》，中国大百科全书出版社，1999年。

中国社会科学院考古研究所：《中国考古学·夏商卷》，中国社会科学出版社，2003年。

中国社会科学院考古研究所编：《中国早期青铜文化——二里头文化专题研究》，科学出版社，2008年。

中国社会科学院考古研究所：《二里头（1999~2006）》，文物出版社，2014年。

中国社会科学院考古研究所、中澳美伊洛河流域联合考古队：《洛阳盆地中东部先秦时期遗址：1997—2007年区域系统调查报告》，科学出版社，2019年。

中国社会科学院考古研究所编著，许宏、袁靖主编：《二里头考古六十年》，中国社会科学出版社，2019年。

邹衡：《夏商周考古学论文集》，文物出版社，1980年。

2019年春季二里头工作队"全家福",远处是建设中的遗址博物馆。在中国,每一个考古队的构成都大致如此:作为"干部"的业务人员或大学考古专业师生、长年聘用的技师和被称为"民工"的当地老乡。这些或年轻生动或写满沧桑的脸庞,见证了一项项激动人心的发现。我们的收获,也要归功于朴实的当地乡亲的付出

感谢的话

为文之道,有如烹饪。原料乃至半成品,大部出自他人之手,最显厨师个人特色之处,在于搭配。本书就是采撷众多学者专家研究成果的结晶,当然配料方案,即从这样的视角以这样的方式成文,是我要文责自负的。

由于本书内容和体例的限制,无法一一列出引用的大量考古与文献资料和研究论著。这里仅对有惠于此书的学界师友致以诚挚的敬意与谢意!

除了有限的注释中列举的已刊布资料和论著的作者和编者外,我还得到了多方的支持与协助。山东大学邓聪教授、王青教授,我所杜金鹏研究员、赵志军研究员、刘建国研究员,甘肃省文物考古研究所郎树德研究员等提供了重要的照片和图,尤其是邓聪教授及其团队拍摄的精美照片,使本书大为增色。在收集资料的过程中,还得到了中国社会科学院世界历史研究所的刘健研究员、徐建新研究员,清华大学温静博士,我所严志斌研究员以及资料信息中心诸同仁的大力协助。

尤应提及的是,二里头遗址的巨大收获,是几代考古人前赴后继、共同努力的结果,在此谨向在二里头遗址工作过的所有前辈和同仁致敬。其中,新世纪以来的田野工作的进展,得益于我们这个团队的齐心协力。我的队友赵海涛、陈国梁,以及技师王宏章、王法成、王丛苗、郭淑嫩、赵静玉等,都是我要感念的。

同时,限于学力,涉及材料与研究成果时肯定有表述不确之处,敬请方家指正。对给予这本小书以中肯的意见和建议的诸位师友,这里一并表示感谢!

这本小书的问世,更离不开科学出版社文物考古分社闫向东社长与责任编辑曹明明女士的努力和辛勤投入。

新版后记

转眼，距《最早的中国》初版问世，已有 12 个年头了。这是我面向公众的第一本小书，我当然对它怀有特别的感情，一本小书的诞生与流布的历史，咀嚼起来，也是回味无穷的。

回想起来，这本小书，是被科学出版社文物考古分社闫向东社长，在 2006 年初冬用一份午餐盒饭及此后的不断激励"哄"出来和"逼"出来的，是闫向东社长这样的优秀出版人，唤起了我作为考古人的社会责任感。后来沉浸在思考和写作的兴奋与快乐之际，书稿最终杀青之际，直到现在新版即将问世，我都是怀着一份深深的感激之情的。没有这样的契机，这些耕耘思考的灵感和收获就很难被梳理出来与大家分享。之后一印再印，是对我们致力公众考古探索的最大的肯定。

当十余年前越来越浓重的社会责任感被激发起来时，当我以此为契机开始全面梳理前辈和我们这个团队的探索历程，开始从比较文明史的宏阔视角来看二里头乃至它所代表的"最早的中国"，开始试图发掘一件件文物背后蕴含的丰富的历史信息时，我已经不把这本书的写作看作学者的一项副业，它已经成为我治学的一个重要组成部分。

继本书出版之后，我又相继写了《何以中国——公元前 2000 年的中原图景》《大都无城——中国古都的动态解读》，与本书新版大致同时，《东亚青铜潮——前甲骨文时代的千年变局》也将面世。此次《最早的中国》再版，增加了副标题"二里头文明的崛起"，使得它的立意更为明确。且无论内容、题目抑或设计，都达成了一个系列。至此，我的"解读早期中国"系列作品（一套四册）可以较完整地呈献在公众面前。

各书成书的过程，当然有不少机缘的成分在里面。但"后见之明"的分析，居然可以把这四本小书的成书捋出一个内在的逻辑关联来。如果说《最早的中国》写的是自己长期主持田野工作的二里头王都这一个点，讲的是"二里头文明的崛起"故事，那么《何以中国》则展开了一个扇面，试图从对"公元前2000年的中原图景"的描绘，上推二里头文明这个"最早的中国"的由来。这就从"微观"上升到"中观"的范畴。《大都无城》则以二里头为起点，在对"中国古都的动态解读"中，纵览整个华夏古代文明的流变了。而《东亚青铜潮》，则已不限于中国文明的腹心地区，而是对整个东亚大陆"前甲骨文时代的千年变局"做了鸟瞰式的扫描。这后二书，可谓"宏观"和"大宏观"的视角。

《最早的中国》初版之际，是我接手二里头遗址考古工作的第十个年头。此后的十年间，我们的集体成果大型考古报告《二里头（1999～2006）》《洛阳盆地中东部先秦时期遗址：1997—2007年区域系统调查报告》和集成性专著《二里头考古六十年》以及其他科研成果相继刊布于世。在接任第20个年头的2019年结束领队工作，我随即用这些最新的成果来充实、完善新版《最早的中国》，这是我作为一名资深考古人所至感欣慰的。

尤应提及的是，二里头遗址的巨大收获，是几代考古人前赴后继、共同努力的结果，在此谨向在二里头遗址工作过的所有前辈和同仁致敬。其中，新世纪以来的田野工作的进展，得益于我们这个团队的齐心协力。所有同甘共苦的队友，我都感念于心。本书也是采撷众多学者专家研究成果的结晶，但由于体量和体例的限制，还是无法一一列出引用的大量考古与文献资料和研究论著，谨对所有有惠于此书的学界师友致以诚挚的敬意与谢意。

任何对历史的阐述都包含了当代社会的需求。这本小书，也不过是我作为二里头遗址的发掘者，对二里头都邑及其所代表的文明的一种解读而已。换句话说，它展现的仅是我眼中的二里头，一个使我兴奋的"最早的中国"的存在。这里没有定论，不是权威发布，唯愿读者诸君能从中有所收获、有所启发，进而有所思考。

该书从初版到新版的问世，离不开科学出版社与三联书店领导的关切和努力,以及责任编辑曹明明女士由始至终的辛勤投入。我与明明女士因此书而结缘,新版的编辑修订,是又一次愉快的合作。

　　借新版修订之机,作者和责编订正了初版中的错谬之处,增补了部分文字和照片,标注了文献出处。诚望大家继续指正,希望它更"好读"、更"好用"。愿与诸君共勉——让我们做更好的书,读更好的书,做更好的自己。

许宏

2020 年 7 月